Louise L. Hay

L'AMOUR SANS CONDITION

Une méthode de guérison

MARABOUT

Titre original : THE AIDS BOOK, Creating a positive approach by Louise L. Hay.

Traduction : Edmonde Klehmann et Béatrice Petit.

CH-1225 Chêne-Bourg/Genève.

Introduction

Louise L. Hay, auteur du best-seller *Transformez votre vie*, est conseillère métaphysique, enseignante et conférencière. Elle a aidé des milliers de personnes à découvrir et utiliser le plein potentiel de leurs pouvoirs créateurs en vue de l'autoguérison et de la croissance personnelle.

Le rayonnement d'une telle personnalité s'étend bien au-delà de son pays, les Etats-Unis. A son tour, l'Europe reconnaît en elle un chef de file des idées et des démarches concrètes favorisant l'émergence d'une nouvelle conscience à l'aube du troisième millénaire.

Dans *L'Amour sans condition*, Louise L. Hay aborde des questions de fond. Pour elle, il n'y a pas de sujet tabou, elle a dépassé la peur, elle se situe à un niveau de compréhension qui lui permet de toujours regarder au-delà du problème, sachant qu'il existe une solution.

L'amour inconditionnel est la source de toute guérison. La guérison est ici un concept vaste car, d'un point de vue holistique (global), elle peut se rapporter non seulement au corps, mais aussi aux émotions, au mental, à une situation, une relation, ainsi qu'au monde dans lequel nous vivons. Pour l'être humain, la santé correspond avant tout à un état intérieur de paix et d'harmonie que l'on peut même connaître lorsque le corps est malade.

D'un seul élan de confiance en la vie, Louise L. Hay propose des actions concrètes immédiates et ouvre la voie à des aspirations supérieures. Si elle s'adresse souvent spécifiquement aux malades, c'est que les atteintes physiques graves de soi-même ou d'un proche touchent aujourd'hui de très nombreuses personnes. Il s'agit en quelque sorte du test maximum qui, outre les épreuves qui lui sont propres, réunit aussi celles que tout le monde peut rencontrer séparément : problèmes avec soi-même, avec la famille, les amis, les collègues de travail, problèmes de choix de vie à l'échelle de l'individu comme de la planète.

Aussi, chacun pourra trouver dans ce livre un compagnon de route à la mesure des défis que la vie lui lance dans le moment présent et développer une force intérieure toujours plus grande à la lumière de l'amour inconditionnel.

Table des matières

Troisième partie
Trouver de l'aide

Dédicace

Avec amour, je dédie ce livre à tous ceux qui recherchent la paix intérieure qui les aidera à traverser des expériences intenses.

Dépassons nos peurs et nos blessures et faisons notre possible sur un plan positif pour trouver la réponse à tous les problèmes.

Avec de l'amour pour nous-mêmes et pour les autres, nous guérirons cette planète de la peur et de la maladie. Il est temps pour tous de vivre et de pratiquer l'amour inconditionnel. L'amour permettra au monde de faire un saut important vers un avenir nouveau et magnifique.

L'auteur de ce livre ne dispense pas de conseils médicaux et ne préconise pas d'employer telle ou telle technique comme traitement médical sans l'avis d'un médecin, que ce soit directement ou indirectement. Son intention est seulement de vous proposer une information générale pour vous aider à coopérer avec votre médecin dans votre quête commune de la santé. Si vous utilisez pour vous une information de ce livre, vous décidez pour vous-même, ce qui est votre droit le plus strict, mais l'auteur et l'éditeur déclinent toute responsabilité pour vos actes.

Chaque chapitre débute par une affirmation que vous pouvez utiliser lorsque vous travaillez sur le sujet concerné. Répétez-la et écrivez-la plusieurs fois.

Chaque chapitre se termine par un traitement, constitué d'une série d'idées positives ayant pour but de modifier votre conscience. Relisez-le plusieurs fois par jour.

Première partie

Comprendre

1

Toute maladie provient d'un manque d'amour

Affirmation :
Nous voulons ouvrir nos cœurs !

Pourquoi la maladie existe-t-elle sur cette planète ? A mon avis, elle est là pour nous montrer le gâchis que nous faisons tant de la planète que de nos vies. Notre corps physique et le monde physique ont grand besoin de soins. Notre air est pollué. Les poissons sont pleins de toxiques et de produits chimiques. La terre est dépouillée de sa végétation en de nombreux endroits. Nous continuons à faire la guerre et à nous torturer les uns les autres. Notre corps est surchargé d'aliments artificiels et maltraité par l'abus de cigarettes, d'alcool, de drogues de toutes sortes. Nous vivons dans la peur d'un holocauste nucléaire.

Ces problèmes ressemblent à des maladies ; c'est pourquoi j'ai l'impression que la planète tout entière souffre d'une forme de maladie.

Nous n'avons pas écouté les innombrables signaux que la planète, tout comme notre corps, nous ont adressés. Nous continuons sans réfléchir, déversant de plus en plus de nourriture frelatée et de produits chimiques dans notre organisme, le poussant au-delà de sa résistance normale. Il est donc naturel que nous traitions notre planète de la même manière, abusant d'elle au-delà de tout ce que l'on peut imaginer. Les Alcooliques Anonymes le savent, certains d'entre nous semblent avoir besoin de "toucher le fond" avant de voir la lumière et de changer.

Prenons conscience que lorsque nous créons une maladie grave, nous touchons suffisamment le fond et n'avons pas besoin de développer quelque chose d'encore plus horrible avant d'entendre et de changer nos manières d'être dénuées d'amour et destructrices.

C'est notre mauvaise volonté à nous arrêter et à écouter les signes annonciateurs envoyés par notre corps qui appelle la catastrophe. Elle rend notre époque propice à un désastre suffisamment grand pour nous forcer à examiner nos actes au niveau individuel et collectif. Toute expérience que nous traversons est une leçon à apprendre, une occasion de nous guérir et de guérir la planète. Il est temps.

La maladie est pour moi un "mal-aise" de l'amour, un manque d'amour. Plus la maladie est grave, mieux elle nous montre à quel point inimaginable nous pouvons être sans amour. Regardez comment nous traitons les malades du sida. Ils sont souvent rejetés, abandonnés, isolés, et on leur refuse même l'assistance dont ils ont cruellement besoin.

Il me semble qu'un choix entre l'amour et la peur est toujours possible. Si nous choisissons la peur et la conduite aliénante qui l'accompagne, nous chutons. Cela dépend de nous. L'avenir est nôtre. Si nous choisissons l'amour et les opportunités qu'il nous offre, nous serons capables de guérir la planète tout entière.

Quels choix faites-vous quotidiennement ? Vos choix personnels contribuent-ils à détruire la planète ou à la guérir ?

Ces choix sont les mêmes que ceux qui nous font aimer ou maltraiter notre corps. Je crois que, pour de multiples raisons, souvent différentes d'un individu à l'autre, beaucoup de gens ont décidé de maltraiter leur corps. Dans certains milieux, il est devenu courant de trop boire, de prendre toutes sortes de drogues, de mal s'alimenter, de s'adonner à des pratiques sexuelles pénibles et néfastes et de faire des excès intellectuels.

Je crois que l'une des raisons pour lesquelles tant de gens abusent de drogues et d'alcool est qu'ils sont terrifiés à l'idée d'être seuls. Etre seul et faire l'expérience de ses sentiments est très pénible pour nombre d'entre nous. Nous avons appris à éliminer nos sentiments. Nous prenons des pilules pour nous débarrasser de nos douleurs physiques et utilisons la nourriture frelatée, les cigarettes, l'alcool et les drogues pour nous débarrasser de nos sentiments.

Chacune de ces pratiques, et à plus forte raison une combinaison de plusieurs d'entre elles, risque d'affaiblir notre corps et de déprimer notre système immunitaire. Il est normal et naturel qu'un corps dont le système immunitaire est déprimé soit ouvert aux maladies les plus répandues dans le moment ; cela n'a rien à voir avec la moralité. Faisons donc disparaître le jugement et la honte. Eliminons les pratiques nuisibles, quelles qu'elles soient. Prenons à nouveau soin avec amour de notre corps et de nos émotions.

Les malades sont pour la plupart des personnes ayant beaucoup de colère inexprimée et de rage envers leur famille ou la société dans son ensemble. Ces sentiments peuvent se combiner à des sentiments d'impuissance et au désespoir de réussir un changement positif dans leur vie. Ces êtres ne sont pas encore conscients du pouvoir de leur propre esprit.

Notre esprit est un instrument puissant. On a souvent dit que nous n'utilisons que dix pour cent de notre cerveau. Vous êtes-vous déjà demandé à quoi étaient destinés les quatre-vingt-dix pour cent restants ? Je pense que nous avons des capacités latentes à un point que nous ne pouvons même pas imaginer. Certains d'entre nous voient l'aura, sont clairvoyants ou clairaudients, font du channeling et ont d'autres capacités appelées "psychiques". Nous entendons parler de voyage astral. Si je pouvais puiser dans les immenses ressources de mon cerveau, je serais capable d'aller d'une côte à l'autre des Etats-Unis sans prendre l'avion ; je me dématérialiserais à un endroit et me rematérialiserais dans un autre si je pouvais pleinement réaliser mon potentiel.

A mon avis, la télépathie et toutes ces autres capacités psychiques seront à notre portée lorsque nous en aurons le mode d'emploi. Je crois qu'en chacun de nous existent des capacités qui dépassent l'imagination et que nous en aurons l'usage à partir du moment où nous serons prêts.

Elles ne nous ont pas encore été données parce que ce n'est pas le cas. Nous utiliserions sans doute ces capacités nouvellement découvertes pour nous faire du mal les uns aux autres, pour en faire à la planète et à l'univers. Regardez comment nous nous traitons mutuellement à l'heure actuelle. Nous avons besoin de laisser derrière nous la douleur et la souffrance. Nous devons apprendre réellement à nous aimer nous-mêmes et à nous aimer les uns les autres, inconditionnellement.

L'amour inconditionnel

Tous les grands enseignants du passé et du présent parlent de la valeur de l'amour inconditionnel - cet état d'esprit dans lequel nous nous aimons et nous acceptons totalement nous-mêmes et, pour cette raison, pouvons aimer et accepter les autres exactement tels qu'ils sont. Nous faisons toujours du mieux que nous pouvons en tout point du temps et de l'espace. Nous réaliserions des changements positifs beaucoup plus rapidement et facilement si nous nous donnions à nous-mêmes, ainsi qu'aux autres, un amour qui soit sans conditions, restrictions ni limitations. Quand la majorité d'entre nous aura appris cette leçon et la mettra en pratique chaque jour, nous serons prêts pour la prochaine étape cosmique.

Nous ne pouvons pas être séparés et distants les uns des autres. Nous ne pouvons pas nous maltraiter nous-mêmes et nous maltraiter les uns les autres. L'amour est la force curative ; le chemin vers l'amour est le pardon.

Blessure et colère

Aucun être, lieu ou chose ne peut nous faire de mal quand nous sommes centrés dans notre espace et que nous nous aimons nous-mêmes. Seules nos pensées peuvent nous blesser. Ne vous tourmentez pas avec vos pensées. Ne réagissez pas avec peur. N'abandonnez pas votre pouvoir. Soyez centré ; ainsi vous saurez que la vie est faite pour être vécue.

Qu'est-ce que l'amour inconditionnel ? C'est tout simplement la capacité de nous aimer nous-mêmes et les autres sans règles ni réglementations. L'amour inconditionnel est un état idéal vers lequel tend la planète tout entière. C'est la principale leçon que nous sommes venus apprendre et elle doit commencer par nous-mêmes. C'est nous accepter et accepter les autres et la vie sans jugement aucun. Une fleur est, un chiot est, une tempête est, une expérience est. Si nous disons que c'est une fleur magnifique ou un gentil petit chien, une affreuse tempête ou une terrible expérience, nous émettons un jugement. Quelqu'un d'autre pourrait dire que c'est une fleur laide ou un chiot destructeur, une tempête bienvenue ou une expérience curative. Tout cela n'est que jugement et vient de notre choix d'attitude envers ces événements.

Dire que quelqu'un a des cheveux roux est une constatation. Dire que quelqu'un a des cheveux roux magnifiques ou des cheveux roux horribles est un jugement. Nos jugements viennent du point de vue que nous adoptons par rapport à tel sujet ou tel événement. Avez-vous remarqué comment nous nous jugeons ? Nous disons par exemple : "Mon nez est trop long" ou "Mes cuisses sont trop grosses", "Je ne suis pas assez élégant", "Personne ne peut m'aimer comme je suis" ou "Je ne suis pas assez bien."

"Mon nez est trop long" - pour qui ou pour quoi ? D'où tirons-nous une norme pour les nez ? D'ailleurs, avez-vous remarqué que la forme du nez change suivant les différentes parties de la planète ? Est-ce que je place réellement ma valeur dans la forme de mon nez ou de mes cuisses ? Si j'ai l'impression que je ne suis pas digne d'amour, c'est parce que je ne m'aime pas. Qui dit que je ne suis pas assez bien ; d'où me vient ce jugement ?

Tout cela est tellement stupide. Mon nez fonctionne, mes cuisses ont la forme qu'elles ont. Oui, je peux changer la forme de mon nez et des mes cuisses, mais cela n'a rien à voir avec ma valeur et l'amour de moi-même. Je suis vraiment digne d'amour si je le dis et moi seul peux décider que je suis assez bien.

* * *

Nous nous demandons comment accepter tous les événements difficiles qui se présentent dans notre vie. Ces difficultés surviennent parce que nous avons pris l'habitude d'être sans amour et pleins de jugement envers nous-mêmes. Si, en tant qu'individus, nous nous traitons avec un amour inconditionnel, nous ne ferons pas d'expériences négatives. Nous ne les créerons pas. Nous pouvons apprendre à voir et à accepter les autres sans mettre de conditions, en leur permettant d'être qui ils sont, d'apprendre leurs leçons de leur mieux, tout comme nous apprenons les nôtres aussi vite que nous le pouvons, en les aimant comme ils apprennent à s'aimer eux-mêmes.

Si nous pratiquions tous l'amour inconditionnel autant qu'il est possible, je suis sûre qu'en deux générations nous pourrions faire de cette planète un lieu de vie où régneraient l'amour et la sécurité.

Chacun de nous souffre d'une manière ou d'une autre du manque d'amour inconditionnel. Certains en souffrent depuis l'instant de leur naissance. Si nous n'avons que rarement eu la permission de nous aimer et de nous respecter lorsque nous étions enfants, il est plus que probable que nous nous refuserons l'amour aujourd'hui. Si l'on nous apprend que nous ne sommes pas dignes d'amour, nous choisissons souvent de nous considérer comme sans valeur. Nous pouvons exprimer ce manque de valeur de nombreuses manières, par exemple en devenant des consommateurs de drogues et en nous mettant sans cesse dans des états tels que nous n'avons plus besoin de penser, punissant ainsi quotidiennement notre corps.

TRAITEMENT

Aujourd'hui est une nouvelle journée précieuse sur terre. Nous allons la vivre dans la joie. Nous acceptons ce don avec gratitude et joie. Nous nous rendons compte que nous n'avons pas de temps à perdre à vivre dans le passé. Nous descendons en nous-mêmes et, avec les yeux de l'amour, recherchons tous les coins d'ombre où résident la douleur et la peur. Nous choisissons de ne plus traîner ces vieux handicaps. Nous allons dans l'espace de notre cœur et transmettons l'abondante lumière d'amour que nous portons en nous. Nous permettons à cet amour, qui voit sans jugement et sans attente, d'irriguer notre corps, notre esprit, notre conscience.

Cette lumière d'amour continue à briller et dissout tout ce qui ne s'accorde pas à elle. Nous sommes prêts à déposer tous nos vieux fardeaux. Ils n'ont pas de vie propre ; ils n'ont pas de vérité en eux. Ils ne sont que d'anciens souvenirs qui n'existent plus et disparaissent de notre vie. Nous sommes un avec la puissance qui nous a créés.

Nous sommes en sécurité et tout est bien dans notre monde !

2

Faire des choix

Affirmation :
Nous sommes beaucoup plus
que n'importe quel problème ;
nous sommes la solution !

Si nous choisissons la maladie, pouvons-nous choisir de la guérir ? Rappelez-vous que notre soi-disant “choix” de la maladie est rarement effectué à un niveau conscient. Il émane de nos croyances profondes et de nos manières habituelles de penser, de parler et d'agir. Ces habitudes et ces croyances produisent des actions négatives et une atmosphère propice au développement de la maladie.

Examinons notre comportement et voyons ce qu'il nous est possible de faire pour changer nos options.

Notre seul but est-il de guérir notre corps ? Ce serait sans effet car, si nous ne changeons pas ce qui à l'origine nous a amenés face à ce problème, à quoi pourrait servir la guérison de notre corps seul ? Mais nous avons le choix ; et le simple fait de le savoir peut faire toute la différence.

Trop de gens parmi nous pensent que nous n'avons pas le choix, que nous sommes comme nous sommes, une fois pour toutes. Cela n'est pas vrai ; nous avons tous le choix, tout le temps. Chaque instant de chaque jour est plein de choix. La manière dont nous respirons, marchons, nous asseyons, nous habillons, mangeons, réagissons et interagissons, tout cela constitue un choix. Il existe un très grand choix de modes de vie, de partenaires, de travail ; il y a même le choix de la santé.

Que faisons-nous au quotidien pour contribuer à maintenir notre vitalité et notre énergie ou à décliner vers la maladie ? Le choix de nos pensées est très lié à notre situation. Si nous choisissons des pensées qui nous permettent de nous sentir bien avec nous-mêmes, nos actions et réactions seront probablement positives. Si nous choisissons des pensées qui minent notre estime de nous-mêmes, nous serons amenés à vivre des expériences négatives.

Chaque jour, ce qui nous arrive a pour origine notre choix et ce, dès le premier instant où nous prenons la décision de revenir sur cette planète en un point particulier du temps. Je crois que nous savons à l'avance, avant d'entrer dans le monde physique, que des expériences culturelles, sociales et familiales variées seront à notre disposition. La façon dont nous réagissons à ces expériences relève de notre choix. Quoi que nous dise la famille ou la société, nous pouvons choisir notre propre manière de réagir et ne pas accepter du tout leur opinion. Nous venons ici à des périodes particulières pour faire l'expérience de circonstances particulières qui nous feront avancer sur notre chemin d'évolution spirituelle. Notre âme sait toujours ce qu'elle fait.

Consciemment, peu de gens choisissent la maladie. Subconsciemment, beaucoup le font ; ils ont besoin d'elle pour combler un besoin. Il y a de nombreuses raisons de tomber malade :

Croire que vous allez attraper toutes les maladies qui existent dans votre entourage.
Accepter la maladie comme quelque chose d'inévitable.
Ignorer l'importance d'une bonne alimentation.
Vouloir se débarrasser de quelque chose ou l'éviter : “On ne pourra pas me demander de faire ça si je suis malade.”
Vouloir avoir du temps libre.
Vouloir avoir un peu de répit.
Vouloir s'attirer de la sympathie ou de la pitié.
Vouloir déterminer qui vous aime réellement.
Demander des choses que vous avez l'impression de ne pas mériter autrement.
Obtenir qu'on s'occupe de vous.
Empêcher quelqu'un de vous quitter.
Avoir la permission de faire une chose qui vous attire depuis toujours, mais pour laquelle vous ne vous êtes pas donné le temps.
La maladie est une excellente excuse pour l'échec.
S'autopunir de ne pas se trouver “assez bien”.
Suivre un schéma familial de réaction au stress.
Simplement ne pas savoir que faire d'autre.
Nous pouvons même “avoir besoin” de la déchéance physique liée à la maladie afin d'être aimés pour ce que nous sommes intérieurement.

Un phénomène intéressant se produit avec certaines personnes, aussi bien hommes que femmes, qui sont d'une beauté sortant de l'ordinaire. Elles sont généralement tellement admirées pour leur beauté ou leur corps qu'elles ont l'impression que nul ne se soucie réellement de l'être qui est à l'intérieur. Elles aspirent à être appréciées pour leur esprit ou leurs capacités, ou à voir leurs sentiments respectés.

Ces gens qu'on dit "beaux" souhaitent parfois ardemment être ordinaires ou même pas attirants du tout. Quelquefois ils s'adonnent délibérément à des conduites qui les aident à détruire leur beauté, ou bien ils cultivent une maladie pour savoir qui les aime réellement. Les gens beaux ont aussi des problèmes. L'amour inconditionnel et l'acceptation sont importants pour chacun d'entre nous.

Le karma

Nous entendons beaucoup parler de karma ; qu'est-ce que cela signifie réellement pour nous ?

Le karma est simplement la loi de cause à effet : ce que nous donnons revient à nous - en pensées, en mots, en actions ou par nos croyances. Tout effet doit avoir une cause. Toute expérience a un début. Comme le dit le dicton : "Ce qui s'en va revient." Le boomerang retourne toujours à son point de départ. Ce concept est valable aussi bien en négatif qu'en positif. Tout ce qui est bien dans notre vie est aussi du karma que nous avons créé, de la même manière que nous avons créé le négatif.

Nous ne sommes jamais "coincés" dans le karma. En changeant, nous pouvons dissoudre notre ancien karma. Trop de gens prennent le karma comme excuse pour ne pas changer. "Oh, c'est mon karma ; il me poursuit depuis des vies. Je n'y peux rien." Pas du tout ! Peu importe depuis quand nous traînons les mêmes schémas négatifs.. Que voulons-nous faire maintenant pour changer ? Notre espace de pouvoir est toujours dans le moment présent. Nous, et nous seuls, pouvons faire les changements nécessaires pour dissoudre le karma négatif.

Quels sont ces changements ? C'est très simple : cesser de faire ce que “nous” faisons pour créer et recréer le problème. Il n’y a personne là dehors qui nous fasse quelque chose. Il n’y a que nous en train de créer notre monde. Si notre problème vient de nos actions, nous pouvons changer nos actions. Maltraitons-nous notre corps ? Alors, cessons de le faire. Maltraitons-nous les autres ? Alors, arrêtons. Parlons-nous sèchement aux autres ? Nous lamentons-nous et nous montrons-nous jaloux ? Faisons-nous d'interminables reproches ? Sommes-nous des victimes professionnelles ? Alors, sachons que nous pouvons changer. Nos pensées sont-elles un flot de négativité ? Croyons-nous au manque et à la limitation ? Croyons-nous à la souffrance ? Alors, abandonnons ces croyances. Nous pouvons très bien “vouloir” cesser de penser ainsi.

Lorsque nous constatons que nous fonctionnons selon le vieux schéma qui nous fait créer du karma négatif, marquons un temps d’arrêt. Rappelons-nous que nous ne voulons plus continuer. Commençons à changer notre manière de penser, nos paroles, nos actes, nos croyances, du mieux que nous le pouvons. Le moindre petit changement dans notre pensée est utile.

Par-dessus tout, nous ne voulons pas nous réprimander et nous culpabiliser à cause de la négativité de notre passé. Le passé est fini et terminé et, quelles que soient les choses dont nous avons besoin de nous débarrasser, faisons-le maintenant avec autant de douceur, d’amour et de joie que possible. Laissons la souffrance n’être plus que du passé dans notre vie.

Nous sommes ici pour apprendre et grandir. Apprenez autant que vous le pouvez. Ne vous limitez pas à ce livre. Lisez-en d'autres. Ecoutez de nombreuses cassettes. Prenez des cours si vous le pouvez. Vous entendrez le même message, exprimé peut-être en termes différents ou provenant de personnalités différentes. Plongez-vous dans l'étude ; c'est pour votre bien. Vous pouvez devenir un expert dans l'art d'améliorer votre vie. Vous trouverez une bibliographie à la fin de ce livre. Choisissez les titres qui vous attirent. Allez dans des librairies et trouvez-en d'autres. Cherchez d'autres enseignants.

Si vous avez le désir de grandir, des enseignants, des cours et des opportunités vont surgir de partout. Ecoutez ce que les autres disent. Regardez leur vie. Trouvez le lien entre ce qu'ils disent et ce qu'ils vivent. Devenez votre propre maître. Vous avez la sagesse et la capacité de grandir bien au-delà de votre compréhension actuelle.

Nous ne sommes pas prisonniers de nos choix négatifs

Même si nous avons pour la plupart fait des choix négatifs dans le passé, nous n'en sommes pas prisonniers. Nous pouvons toujours choisir à nouveau et choisir différemment. Nous recherchons les choix et les croyances qui ne nous conviennent pas et en faisons d'autres. Si nous avons longtemps cru que nous n'étions "pas assez bien" et que, pour cette raison, nous nous sommes traités sans égards, nous pouvons changer. Nous pouvons chercher d'où vient cette croyance - nous nous apercevrons habituellement qu'elle provient d'un parent ou d'une personne importante de notre petite enfance. Avec notre point de vue actuel d'adulte, nous pouvons décider que cette opinion était l'affaire de l'autre personne et n'avait rien à voir avec nous. Nous pouvons maintenant choisir de nous aimer et nous apprécier ; automatiquement, notre pensée et notre comportement deviendront plus positifs.

Peut-être avons-nous choisi sans le savoir des croyances et des comportements qui ont abouti à une mauvaise santé dans le passé et peut-être avons-nous très mal vécu ces choix. Mais maintenant, nous pouvons choisir la santé et apprendre ce qui contribuera à créer et à maintenir la meilleure santé qu'il nous soit possible de connaître aujourd'hui. Il y a toujours des alternatives pour les choix que nous faisons au niveau du mental ; de même, il y a de nombreuses voies holistiques alternatives qui peuvent contribuer à notre décision de vivre en bonne santé et selon notre être total.

Trop souvent, les gens ont suivi sans le savoir le chemin de la mauvaise santé pendant longtemps, jusqu'à ce qu'une crise survienne ; c'est alors seulement qu'ils prennent conscience de l'existence de choix différents et commencent à rechercher la santé. Ils veulent des résultats instantanés et ne comprennent pas qu'il faut généralement un certain temps pour compenser des années de mauvais traitements de soi-même. Parfois ils se découragent et retournent à leurs anciens schémas, sans s'être donné une réelle chance.

Evidemment, il est toujours beaucoup plus facile de faire le choix de la santé avant l'apparition de la maladie, car il n'est alors pas nécessaire de compenser les dommages en même temps que de changer les schémas. J'avais l'habitude de dire à mes clients : "Il est beaucoup plus facile de nous libérer de nos ressentiments avant d'être sous la menace du scalpel du chirurgien, car à ce moment-là nous aurons à compter aussi avec la panique." Bien sûr, les changements peuvent prendre place à n'importe quel moment. Nous sommes dans l'ici et maintenant et c'est dans ce moment que nous effectuons nos changements.

Le choix de la santé nous oblige à abandonner nos anciennes tendances, ainsi que celles des autres que nous avons endossées. Ce sont ces schémas négatifs qui, à l'origine, nous ont conduits à la maladie. Le fait de laisser tomber les vieux ressentiments, de pardonner à tous ceux qui nous ont blessés et de décider de nous aimer et de nous approuver fait des miracles pour améliorer non seulement notre santé, mais aussi tous les autres domaines de notre vie. La liberté que nous ressentons en nous lorsque nous sommes prêts à faire ces changements mentaux fait partie de notre guérison.

TRAITEMENT

Aujourd'hui est une nouvelle journée précieuse sur terre. Nous allons la vivre dans la joie. Nous voulons voir au-delà du problème, sachant qu'il doit exister une solution. C'est en nous-mêmes que se trouvent les réponses que nous cherchons. Nous sommes un avec l'Intelligence de l'univers. Nous dépassons la pensée humaine limitée et nous nous accordons à l'Esprit divin infini ; en lui, tout est possible.

Parmi toutes ces possibilités, il y a d'innombrables solutions. Nous nous sentons en sécurité avec cette conscience et savons que nous sommes un avec la puissance qui nous a créés.

Nous sommes en sécurité et tout est bien dans notre monde !

Deuxième partie

Guérir

3

Notre pouvoir de guérison : le changement

Affirmation :
Notre désir de changer
crée des miracles dans notre vie !

Guérir signifie que nous nous donnons les moyens de devenir complètement nous-mêmes. Il nous faut comprendre que la guérison est nécessaire dans tellement de domaines qu'il s'agit d'un défi personnel. Tant de domaines ont besoin de guérison. C'est souvent le corps qui a besoin de guérison, mais tout aussi souvent, c'est le cœur. Les émotions, comme les relations, peuvent être soignées ; les croyances sur soi et même les comptes en banque ont souvent besoin d'être guéris. Devenir complètement nous-mêmes représente la tâche d'une vie. Il y a toujours en nous une partie qui pourrait tirer profit d'un peu de guérison.

Le changement

Le changement est perpétuel. Chaque respiration est différente de la précédente. Les saisons changent ; nous aussi. Pourtant, beaucoup d'entre nous ont peur de "changer". Nous voulons que le monde change, mais nous nous accrochons à nos vieilles façons d'être, craignant de lâcher prise.

Nous sommes tous dans un processus constant de changement et, si nous résistons, nous nions le bien qui essaie d'entrer dans nos vies. Tout comme nous ingérons des aliments, les digérons et en rejetons les déchets, nous attirons une expérience, la traversons, puis abandonnons ce qui en elle ne nous est plus utile. Puis il y a de nouveaux aliments à manger et de nouveaux événements à vivre.

Lorsque nous voulons changer, nous changeons plus précisément nos pensées et nos croyances car, lorsque celles-ci changent, nos vies changent. Bien sûr, nous avons tous dans notre vie de nombreux domaines qui donnent toute satisfaction. Nos systèmes de croyance les concernant sont positifs. Nous n'avons pas besoin de changer ce qui fonctionne bien. Nous cherchons les domaines où nous sommes mal à l'aise. Changez seulement ce qui ne va pas ou ce qui pourrait aller mieux.

Répétons-le, nous n'avons pas besoin de savoir exactement "comment" faire ces changements. Tout ce que nous avons à faire est d'être "désireux" de changer, de nous dire : "Cela ne va pas pour moi et je veux changer. Peu importe ce qu'il faut faire, je veux le faire", ou bien : "Je change maintenant ma conscience et je passe de la maladie à la santé, de l'amertume à la paix, du ressentiment au pardon."

Vous seul savez ce que vous voulez changer et ce vers quoi vous voulez vous diriger. Dites-le dans vos affirmations, clairement. Nous ne faisons qu'abandonner de vieilles croyances.

Le pouvoir

Nous sommes des êtres puissants. Peut-être que nous ne le reconnaissons pas, parce que nous avons donné le contrôle de notre pouvoir à d'autres. Mais nous voulons maintenant nous rappeler que nous sommes les seuls à penser dans notre esprit. Nous prenons la décision d'accepter ou de rejeter ce que les autres disent. Notre pouvoir réside dans nos pensées, car nos pensées sont créatrices.

Nous abandonnons notre pouvoir par le biais de la culpabilité, en étant incapables de dire "non" et en voulant toujours plaire aux autres pour être aimés. Peut-être vivons-nous pour nos parents, notre amant ou notre conjoint, nos docteurs, nos amis, nos employeurs ou même nos églises. C'est une autre façon de dire : "Je ne suis pas assez bien", et cela amène la haine et la négation de soi-même.

Lorsque nous sommes malades, nous remettons souvent notre pouvoir aux médecins et aux autres autorités médicales. Comme si "docteur" voulait dire "Dieu", parce que les deux mots commencent par la même lettre. Une personne sans pouvoir a plus de difficultés à guérir. Il est préférable que le traitement soit mené par une équipe. Vous choisissez le praticien de santé pour vous aider à aller bien. Vous prenez les décisions ensemble. Vous contribuez ainsi à votre processus de guérison tout en gardant votre pouvoir.

Nous reprenons notre pouvoir en changeant nos priorités mentales. Nous comprenons que nous aussi sommes importants et que nous ne pouvons pas vivre seulement pour satisfaire les autres. Nous ne sommes pas venus sur cette planète pour nous nier ; nous sommes venus exprimer le caractère unique qui est le nôtre. Personne ne peut vivre exactement de notre manière à nous. Nous avons nos talents et nos capacités et nous sommes là afin de les utiliser pour le bien de la planète. Nous pouvons employer l'affirmation : "J'accepte mon pouvoir et j'autorise maintenant mon caractère unique à l'exprimer de manière profondément satisfaisante."

Je ne crois pas qu'il soit égoïste de dire "moi d'abord". Je crois que c'est prendre soin de soi-même. Vous décidez ce qui est bon pour vous guérir. Vous comptez. C'est un acte d'amour envers vous-même. J'ai remarqué que les femmes ayant un cancer du sein ont généralement abandonné leur pouvoir depuis des années. Les seins représentent la nourriture et ces femmes ont nourri les autres, mais ne se sont pas nourries elles-mêmes. Ce sont de grandes donneuses qui oublient de se donner à elles-mêmes. Ce don est une telle habitude que les autres l'attendent d'elles. C'est un grand pas pour elles de dire "non". Quand elles disent : "Non, c'est mon tour maintenant", elles reprennent leur pouvoir et contribuent à leur bien-être.

Prendre conscience de notre pouvoir - et l'utiliser pour se soigner aussi bien que pour contribuer à la santé des autres - est l'une des premières étapes vers la santé future de la planète. Nous sommes tous capables d'apporter notre contribution d'amour et de santé. Et, grâce à cet apport, nous guérirons nos vies.

TRAITEMENT

Aujourd'hui est une autre journée précieuse sur terre. Nous allons la vivre dans la joie. Dans ce monde de changement, je choisis d'être souple dans tous les domaines. Je suis prêt à me changer moi-même et à changer mes croyances pour améliorer la qualité de ma vie et de mon univers. Mon corps m'aime, quelle que soit la manière dont je le traite. Il communique avec moi et maintenant j'écoute ses messages.

Je veux recevoir le message. Je fais attention et j'introduis les corrections nécessaires; je prends soin de mon corps et lui donne ce dont il a besoin à tous les niveaux pour l'amener à la santé optimale. Je fais appel à une force intérieure qui est à ma disposition chaque fois que j'ai besoin d'elle. Nous sommes un avec la puissance qui nous a créés.

Nous sommes en sécurité et tout est bien dans notre monde !

4

Apprendre à s'aimer soi-même

Affirmation :
Je veux m'aimer et m'apprécier !

Quand je parle de s'aimer soi-même, on pense souvent que je veux dire être vaniteux et prétentieux. La vanité et la prétention n'ont rien à voir avec l'amour de soi ; elles ne font qu'exprimer notre impression de manquer de valeur. Bien sûr, nous voulons avoir l'air bien, mais si nous nous préoccupons principalement de notre apparence physique, cela signifie que nous avons le sentiment de n'être pas assez bien tels que nous sommes. Nous ne nous sentons pas sûrs et essayons de nous rendre acceptables. Polir notre image n'est jamais la solution, parce que nous mettons notre valeur dans notre apparence extérieure, qui change tout le temps. Notre valeur n'a rien à voir avec notre aspect extérieur ; elle est basée sur la façon dont nous nous aimons nous-mêmes.

S'aimer soi-même est réellement très simple. C'est choisir de se sentir bien avec soi-même et prendre soin de soi. Quand nous faisons ce choix, le reste se met en place aisément. S'aimer soi-même, c'est abandonner toute autopunition. C'est nous pardonner. C'est abandonner le passé. C'est nous mettre "à l'aise". C'est nous approuver. C'est être heureux de nous-mêmes. C'est aimer qui nous sommes. C'est être aimables avec nous-mêmes lorsque nous traversons différents processus.

Comment aimons-nous les autres ?

Comment aimer les autres ? Acceptez-les comme ils sont. Autorisez-les à être eux-mêmes. Cessez d'essayer de les changer. Laissez-les s'occuper de leur propre processus de croissance. Nous ne pouvons apprendre pour un autre. Si leur comportement nous fait du mal, nous pouvons choisir d'éviter leur présence - et c'est très bien. Nous devons nous aimer suffisamment pour ne pas nous laisser démolir par des personnes autodestructrices. S'il y a beaucoup de gens négatifs dans notre vie, nous pouvons rechercher le schéma en nous qui les attire.

Lorsque nous changeons, que nous abandonnons notre schéma et devenons différents, les autres changent leur demande de relation avec notre nouvelle personnalité ou quittent nos vies, si bien que de nouvelles personnes qui nous apprécient peuvent y entrer. Quelle que soit la manière dont cela se passe, c'est toujours un mouvement positif pour nous quand nous nous aimons et nous acceptons.

Un autre outil très puissant pour guérir toutes nos relations - famille, travail, rencontres ou intimes - est de les "bénir avec amour". Quand quelqu'un a rompu par ses actes l'harmonie de votre vie, bénissez-le avec amour. Vous pouvez le faire de diverses façons. Vous pouvez dire : "Je te bénis avec amour et j'apporte l'harmonie dans cette situation", ou : "Je te bénis avec amour, je te libère et te laisse aller", ou encore "Je te laisse aller vers ton plus grand bien."

Lorsque nous agissons ainsi avec persévérance, quelque chose se passe du côté invisible de la vie et la situation change en mieux. J'ai vu ce procédé guérir tous les genres de relations. Des directeurs se font agréables, des familles expriment l'amour, des gens difficiles s'en vont, des relations intimes deviennent honnêtes. Ceux parmi nous qui ont pratiqué cette bénédiction d'amour sont émerveillés des résultats.

Ce que je crois

Je crois que tous les événements que nous avons vécus jusque-là ont été créés par les pensées et les croyances que nous avons eues dans le passé. Les pensées sont puissantes ; les pensées sont créatrices. Elles créent notre réalité. C'est une loi de la nature que nous commençons seulement à comprendre et à mettre en pratique. Pourtant, nous avons entendu le message il y a longtemps.

Ma philosophie est vraiment très simple - trop simple pour certains. Et pourtant je l'ai vue porter des fruits de manière répétée. En voici les principaux points :

1. CE QUE NOUS DONNONS, NOUS LE RECEVONS.

Toujours. Ce message existe depuis longtemps. Rappelez-vous la Règle d'Or : "Faites aux autres ce que vous aimeriez qu'ils vous fassent." Cette règle n'a jamais été donnée pour engendrer la culpabilité.

C'est une loi de la nature qui s'applique aussi à nos schémas de pensée. Si nous jugeons, si nous critiquons, même en pensée, nous serons également jugés et critiqués. Si nous aimons inconditionnellement, nous attirons dans notre vie des gens qui nous donneront la même acceptation et le même amour inconditionnel. Des pensées de haine attirent des pensées et des actes de haine. Des pensées de jalousie attirent dans notre vie le manque et la perte. D'un autre côté, des pensées de pardon attirent la guérison et la prospérité. Des pensées d'amour et de joie apportent dans notre vie non seulement l'amour, mais aussi un bien incroyable, plus que ce que nous pouvons imaginer - et ce bien reflète nos nouvelles pensées à propos de ce que nous croyons mériter.

2. CE QUE NOUS CROYONS SUR NOUS-MEMES ET SUR LA VIE DEVIENT REALITE POUR NOUS.

C'est la raison pour laquelle il est très important d'examiner ce que nous croyons. Beaucoup trop fréquemment, il s'agit de croyances à caractère limitatif venant de nos parents ou de notre société. Je demande souvent aux gens de s'asseoir tranquillement et de faire une liste comprenant quelques-uns des principaux domaines de la vie, puis de noter les croyances qu'ils ont à leur sujet. Par exemple : quelles sont vos croyances concernant les sujets suivants ?

- les hommes
- les femmes
- l'amour
- la sexualité
- la santé
- votre corps
- le manque
- la prospérité
- le vieillissement
- le travail
- le succès
- Dieu

Il est surprenant de voir le nombre de croyances qui ont été acquises vers l'âge de cinq ans. Il est certain que ces opinions précoces ne sont pas toutes adaptées à notre vie d'aujourd'hui et un nettoyage mental périodique est donc des plus utile.

Comme toutes les croyances ont été choisies, nous pouvons maintenant choisir de garder seulement celles qui nous soutiennent et nous nourrissent le plus.

3. NOS PENSEES SONT CREATRICES.

C'est la loi de la nature la plus importante à connaître.

Une seule pensée stérile n'a pas grand effet, mais les pensées sont comme des gouttes d'eau ; elles s'accumulent. Si nous entretenons les mêmes pensées pendant un certain laps de temps, elles deviennent des mares, des étangs, des lacs, des océans. Si elles sont positives, nous pouvons flotter sur l'océan de la vie. Si elles sont négatives, nous risquons de nous noyer dans un océan de négativité et de désespérer.

Quelle est votre attitude habituelle quand vous vous réveillez le matin ? Est-elle morose et résignée ? Alors, vous aurez une journée en conséquence. Est-elle pleine d'espoir, de foi et d'amour ? Alors, ce sera la tonalité de votre journée - une atmosphère qui vous apportera tout ce dont vous avez besoin.

Asseyez-vous tranquillement pendant un moment ; observez les pensées qui défilent. Désirez-vous réellement le genre de vie que ces pensées vont produire ? Commencez à choisir consciemment des pensées qui vous nourrissent et vous soutiennent.

4. NOUS SOMMES DIGNES D'AMOUR.

Chacun d'entre nous. Vous et moi. Nous n'avons pas à mériter l'amour. Nous n'avons pas à gagner le droit de respirer - nous respirons parce que nous existons. Nous sommes dignes d'amour parce que nous existons. Nous devons le savoir et le rendre vrai pour nous.

Nous sommes également dignes de notre propre amour. Ne laissez pas les opinions négatives de vos parents ou les préjugés de la société voiler votre lumière. La réalité de votre être est que vous aimez et êtes digne d'amour. Cependant, vous devez accepter ce concept pour qu'il soit vrai dans votre vie.

Souvenez-vous, vos pensées créent votre réalité. Ce "qu'ils" pensent ou disent n'a rien à voir avec votre propre valeur. Dites-vous tout de suite : "JE SUIS DIGNE D'AMOUR !"

5. L'APPROBATION ET L'ACCEPTATION DE SOI SONT LES CLES DES CHANGEMENTS POSITIFS.

Lorsque nous sommes en colère contre nous-mêmes, lorsque nous jugeons et critiquons tout ce que nous faisons, lorsque nous nous maltraitons, nous nous envoyons des vibrations très négatives et nos vies ne se passent jamais bien. Ce n'est rien d'autre qu'une vieille habitude qui ne repose sur aucune base. Comment pouvons-nous attendre que d'autres nous aiment et nous acceptent si nous ne nous aimons pas et ne nous acceptons pas nous-mêmes ? "JE M'AIME ET M'ACCEPTE EXACTEMENT TEL QUE JE SUIS" est une pensée très puissante qui vous aidera à créer un monde de joie.

6. NOUS POUVONS NOUS LIBERER DU PASSE ET PARDONNER A TOUT LE MONDE.

Le passé n'existe que dans notre esprit. S'accrocher à de vieilles blessures, c'est se punir aujourd'hui pour quelque chose que quelqu'un d'autre a fait il y a longtemps. Cela n'a aucun sens. Trop souvent, nous restons enfermés dans une prison de ressentiment que nous estimons justifié et il est affreux de vivre ainsi. Vous pouvez vous libérer.

Pardonner ne signifie pas réparer un comportement malheureux, mais se libérer de ce que nous avons bâti autour de la situation - se libérer de façon à ne pas recréer une expérience similaire. Chacun, nous y compris, fait du mieux qu'il peut à tout instant, avec la compréhension, la conscience, la connaissance qu'il possède. C'est nous libérer que de renoncer à notre ressentiment et le remplacer par la compréhension. Le pardon est un don que nous nous faisons.

7. LE PARDON OUVRE LA PORTE A L'AMOUR.

L'amour est le but. L'amour inconditionnel. Comment y arriver ? Par la porte du pardon. Le pardon ressemble aux nombreuses couches d'un oignon. Il est parfois préférable de commencer par les domaines dans lesquels il est plus facile de pardonner pour passer aux blessures les plus importantes lorsque nous sommes familiarisés avec le processus. Nous pouvons peler les blessures les unes après les autres jusqu'à arriver à un niveau profond de compréhension. Nous trouverons là l'amour qui nous attend. Le pardon et l'amour vont la main dans la main.

8. L'AMOUR EST LA PLUS PUISSANTE FORCE CURATIVE QUI EXISTE.

L'amour stimule notre système immunitaire. L'amour pour nous-mêmes. Nous ne pouvons guérir ni devenir nous-mêmes dans une atmosphère de haine. Si nous apprenons à nous aimer, nous devenons puissants. L'amour nous fait passer de l'état de victime à celui de gagnant. Notre amour pour nous-mêmes attire à nous ce dont nous avons besoin pour nous aider sur le chemin de la guérison. Les gens qui se sentent bien avec eux-mêmes attirent naturellement les autres.

9. IL SUFFIT DE VOULOIR.

Nous n'avons pas besoin d'attendre de savoir "comment" faire tous ces changements. Il suffit de les vouloir. Nos pensées sont créatrices. Penser : "Je veux commencer à me libérer du jugement ou pardonner ou m'aimer moi-même", c'est émettre une pensée dans l'univers. Si vous répétez la pensée, elle mettra en mouvement la loi d'attraction et vous découvrirez de nouvelles manières d'avancer dans cette voie. L'Univers vous aime ; il est constamment prêt à vous aider à manifester tout ce que vous pouvez choisir de penser et de croire. Soyez désireux d'avoir une belle vie.

Lorsque vous aurez réfléchi sur ces vastes concepts, vous aurez peut-être envie de relire mes "dix étapes pour vous aimer vous-même". Je les emploie depuis que j'ai commencé mon travail et elles m'ont été d'une grande utilité. Elles sont encore plus simples que les concepts énumérés ci-dessus. Rappelez-vous seulement que l'amour de soi est une chose très simple.

Dix étapes pour vous aimer vous-même

1. CESSEZ TOUTE CRITIQUE.
   La critique ne change jamais rien. Refusez de vous critiquer. Acceptez-vous exactement tel que vous êtes. Tout le monde change. Si vous vous critiquez, vos changements sont négatifs. Si vous vous approuvez, vos changements sont toujours positifs.
2. NE VOUS FAITES PAS PEUR.
   Cessez de vous terroriser avec vos pensées. C'est affreux de vivre ainsi.
   Trouvez une image mentale qui vous fasse plaisir (par exemple, il s'agit pour moi de roses jaunes) et chassez immédiatement votre pensée de peur par la pensée de plaisir.
3. SOYEZ AIMABLE, GENTIL ET PATIENT.
   Soyez aimable avec vous-même. Soyez gentil avec vous-même. Soyez patient avec vous-même lorsque vous apprenez les nouvelles manières de penser. Traitez-vous comme vous traiteriez quelqu'un que vous aimeriez vraiment.
4. SOYEZ GENTIL AVEC VOTRE ESPRIT.
   La haine de vous-même est seulement la haine de vos propres pensées. Ne vous haïssez pas d'avoir ces pensées. Changez-les en douceur.
5. FAITES-VOUS DES COMPLIMENTS.
   La critique sape la force intérieure. Les compliments la stimulent. Faites-vous autant de compliments que vous le pouvez. Dites-vous que vous faites bien la moindre petite chose.
6. ENCOURAGEZ-VOUS.
   Trouvez des moyens de vous encourager. Faites appel à des amis et laissez-les vous aider. C'est être

fort que de demander de l'aide au moment où on en a le plus besoin.

7. AIMEZ VOS COTES NEGATIFS.
   Reconnaissez que vous les avez créés pour combler un besoin. Maintenant vous trouvez des moyens nouveaux, positifs, pour combler ces besoins. Abandonnez donc avec amour les vieux schémas négatifs.
8. PRENEZ SOIN DE VOTRE CORPS.
   Renseignez-vous sur l'alimentation. De quelle sorte de carburant votre corps a-t-il besoin pour avoir le maximum d'énergie et de vitalité ? Renseignez-vous sur les activités physiques. Laquelle auriez-vous plaisir à faire ? Chérissez et vénérez le temple dans lequel vous vivez.
9. LE TRAVAIL DU MIROIR.
   Regardez-vous souvent dans les yeux. Exprimez ce sentiment grandissant d'amour pour vous-même. Pardonnez-vous en vous regardant dans le miroir. Parlez à vos parents en regardant dans le miroir. Pardonnez-leur aussi. Au moins une fois par jour, dites : "Je t'aime, je t'aime vraiment !"
10. FAITES-LE MAINTENANT !
   N'attendez pas d'aller bien, ou de perdre du poids, ou d'avoir un nouveau travail ou une nouvelle relation. Commencez maintenant - faites du mieux que vous pouvez.

Le mérite, mériter

Beaucoup d'entre nous refusent de faire le moindre effort pour se créer une nouvelle vie agréable parce qu'ils pensent ne pas la mériter. Cette impression de ne rien mériter peut venir d'événements très anciens :

lorsqu'on nous mettait sur le pot, ou lorsqu'on nous disait que nous ne pourrions obtenir quelque chose qu'à condition de finir notre assiette, de ranger notre chambre ou nos jouets. Là encore, nous acceptons l'idée ou l'opinion de quelqu'un d'autre, qui n'est pas en rapport avec la réalité de notre être.

Le problème vient de notre refus d'accepter. Permettez-vous d'accepter ce qui est bon pour vous, que vous pensiez ou non le mériter.

Exercice sur le mérite

Voici quelques questions pour vous aider à comprendre ce qu'est le mérite - ainsi que la puissance d'amour et de guérison que l'on peut en tirer. Utilisez-les comme un exercice pour vous aider à comprendre.

Quelles sont les choses que vous désireriez, mais que vous n'avez pas ?

Soyez clair et précis.

Quelles étaient chez vous les lois/règles concernant le mérite ?

Que vous disaient vos parents ? "Tu ne le mérites pas." Ou bien : "Tu mérites un gros baiser." Pensaient-ils qu'ils méritaient eux-mêmes quelque chose ? Etiez-vous toujours obligé de gagner le droit à mériter quoi que ce soit ? Y parveniez-vous ? Obteniez-vous alors ce que vous vouliez ? Vous confisquait-on des objets lorsque vous faisiez quelque chose de mal ?

Avez-vous l'impression de mériter quoi que ce soit ?

Quelle est l'image qui apparaît ? "Plus tard, quand je l'aurai gagné." " Pour l'avoir, il faut d'abord que je travaille." Etes-vous assez bien ? Cherchez-vous toujours à être assez bien ?

Quelle est la "croyance" qui vous empêche de mériter quelque chose ?

Il n'y a pas assez d'argent. La peur. Le vieux message : "Tu n'arrives jamais à rien." "Je ne suis pas assez bien".

Méritez-vous de vivre ?

Pourquoi ? Pourquoi pas ? Leur est-il arrivé de vous dire : "Tu mériterais la mort" ? Si c'est le cas, cela faisait-il partie de votre éducation religieuse ?

Pourquoi vivez-vous ?

Quel est le but de votre vie ? Quel sens lui avez-vous donné ? Vous êtes-vous créé une raison de vivre ?

Que méritez-vous ?

"Je mérite l'amour, la joie et tout ce qui est bien." Ou bien, pensez-vous au fond de vous que vous ne méritez rien ? Pourquoi ? D'où vient ce message ? Etes-vous prêt à l'abandonner ? Par quoi voulez-vous le remplacer ? Rappelez-vous, ce sont des pensées, et les pensées peuvent être changées.

Qu'êtes-vous prêt à faire pour mériter davantage ?

Des affirmations ? Des traitements ? Etes-vous prêt à pardonner ? Si c'est le cas, vous mériterez davantage.

Il est facile de voir la puissance personnelle qui est liée à la manière dont nous percevons notre mérite. Essayez ce traitement. Un traitement est utilisé pour créer un nouveau schéma de pensée. Rappelez-vous que celui-ci n'est pas le seul possible ; il ne constitue qu'un exemple. Avec le temps, vous serez peut-être capable de créer votre propre traitement - et un traitement personnel est toujours meilleur. Après tout, vous êtes l'expert en ce qui vous concerne - personne ne vous connaît aussi bien que vous-même.

TRAITEMENT DU MERITE

Je mérite. Je mérite tout le bien. Pas un peu, pas un petit bout, mais tout. Je chasse maintenant toutes les pensées négatives et restrictives. J'abandonne toutes les limitations de mes parents. J'aime mes parents, mais je vais plus loin qu'eux. Je ne suis pas leurs opinions négatives, ni leurs croyances limitatives. Je ne suis pas lié par les peurs ou les préjugés de la société dans laquelle je vis. Je ne m'identifie plus à quelque limitation que ce soit.

Dans mon esprit, je suis totalement libre. Je me dirige maintenant vers un nouvel espace de conscience où je veux me voir différemment. Je veux créer de nouvelles pensées sur moi et ma vie. Ma nouvelle façon de penser se transforme en de nouvelles expériences.

Je sais maintenant et j'affirme que je suis un avec la Puissance de Prospérité dans l'Univers. Je suis donc maintenant prospère de toutes sortes de façons. Toutes les possibilités s'ouvrent à moi. Je mérite de vivre, de bien vivre. Je mérite l'amour, l'amour en abondance. Je mérite une bonne santé. Je mérite de vivre confortablement et de connaître la prospérité. Je mérite la joie et le bonheur. Je mérite la liberté, la liberté d'être tout ce que je peux être. Je mérite plus que tout cela. Je mérite tout le bien.

L'Univers est prêt à manifester mes nouvelles croyances. J'accepte toute cette vie abondante avec joie, plaisir et gratitude, car je la mérite. Je l'accepte ; je sais que c'est vrai.

TRAITEMENT

Aujourd'hui est une autre journée précieuse sur terre. Nous allons la vivre dans la joie. Peu importe ce que j'ai pensé de moi dans le passé, aujourd'hui est une nouvelle journée. En ce nouvel instant, je commence à me voir d'une manière plus compatissante. Les critiques et les jugements disparaissent ; et, de ce fait, je deviens libre d'apprécier tout ce que je suis. Je pense comme si ma vie en dépendait, car je sais que c'est le cas.

La porte s'ouvre vers l'amour, mon amour pour moi-même. C'est la voie vers la guérison. Je fais de ce jour le genre de journée dont je me souviendrai demain. Aujourd'hui, je commence mon voyage vers la guérison. Nous sommes un avec le pouvoir qui nous a créés.

Nous sommes en sécurité et tout est bien dans notre monde !

5

Nos schémas de pensée négatifs

Affirmation :
Je dépasse toutes les anciennes limitations !

Je ne veux aucunement culpabiliser qui que ce soit. Cependant, nous devons comprendre comment fonctionne le mental si nous voulons réaliser des changements. Personne ne veut être malade et pourtant nous avons, semble-t-il, besoin de toutes les maladies que nous créons, car c'est la manière dont notre corps nous dit que, dans notre conscience, quelque chose ne va pas.

Evidemment, nous ne disons pas que nous voulons telle ou telle maladie, mais nous créons effectivement le climat mental dans lequel cette maladie peut s'implanter et se développer. La plupart du temps, nous le faisons sans le savoir.

Après tout, dans l'ensemble, n'avons-nous pas été élevés pour devenir des victimes craintives, pour être amers ou pleins de ressentiment envers la vie ? J'ai entendu des parents dire que leurs enfants n'avaient pas le droit d'être heureux et qu'il était normal de souffrir. Si un parent répète constamment que l'enfant n'est pas bien et n'arrivera jamais à rien, celui-ci grandira en croyant que c'est vrai.

La plupart des parents croient également - et apprennent à leurs enfants - que la maladie est un mal qui nous frappe par surprise. La profession médicale approuve et nous dit qu'elle est la seule à pouvoir faire quelque chose pour nous.

La religion est également un moyen de nous dire que nous ne sommes pas assez bien. Encore et encore, c'est notre impuissance qui est mise en avant. Il n'est pas étonnant que nous soyons désemparés et furieux quand nous sommes en difficulté ou malades.

Je ne dis pas qu'il doit en être ainsi. Nous pouvons nous mettre au travail et faire des changements positifs.

Enfants, nous a-t-on dit un jour que nos pensées créaient nos expériences ? Ou que nous avions le pouvoir de changer et de créer une vie qui soit bien pour nous ? Nous a-t-on dit combien nous étions merveilleux et qu'une vie pleine de joie et d'amour nous attendait ? Nous a-t-on dit que nous pouvions prospérer facilement et réussir ? Si nous avions entendu de telles phrases, notre vie serait à l'heure actuelle très différente.

Ne perdons pas de temps à blâmer nos parents; ils ne savaient pas. Nous sommes maintenant nos propres parents. Nous pouvons nous dire à nous-mêmes toutes les choses positives que nous n'avons pas entendues dans le passé.

Exercice sur les schémas de pensée négatifs

Essayez de faire cet exercice. En lisant les questions ci-dessus, pensez vraiment à la réalité que vous avez créée à propos de vos parents dans le passé. Puis pensez à la nouvelle réalité que vous pouvez créer pour votre futur.

Ecrivez tout ce que vous vouliez que vos parents vous disent. Tous ces messages positifs d'amour. Puis lisez-les à haute voix à vous-même devant un miroir. Faites-le chaque jour jusqu'à ce que les messages deviennent vrais pour votre enfant intérieur.

Effets des schémas de pensée négatifs

Des années de schémas de pensée négatifs - en commençant par nos pensées sur nos parents - ont usé notre système immunitaire. Nous diminuons également la capacité de notre corps à fonctionner à son niveau optimum par nos mauvais choix alimentaires. Si nous y ajoutons le sentiment de n'être ni aimé ni désiré et d'être seul au monde, nous sommes mûrs pour la maladie la plus populaire du moment. Nous avons créé des "épidémies" de cancer, de *candida albicans*, etc., et maintenant c'est le tour du sida.

Quand entendrons-nous le message ? Nous commettons une erreur quelque part. Nous ne sommes pas mauvais. Nous avons simplement quitté le chemin. Ne nous réprimandons pas. Découvrons ce que nous pouvons faire pour guérir. Personne d'autre ne le fera à notre place. C'est nous qui avons le pouvoir.

Quand vous commencez à penser négativement sur vous-même ou à créer des problèmes dans votre vie, il est utile de passer en revue quelques questions simples. Essayez de noter exactement ce que vous retirez de cette expérience. Puis imaginez comment vous pourriez la changer dans un sens positif. Voici un exemple.

1. Qu'essayez-vous d'éviter en pensant/sentant de cette manière - ou en ayant ce problème ?
2. Qui êtes-vous en train d'essayer de punir ?
3. A quels sentiments de bon droit voulez-vous vous accrocher ? Pourquoi ?
4. Quelle garantie attendez-vous de la vie ?
5. Dans quelle mesure aimez-vous avoir pitié de vous-même ?
6. Que retirez-vous de votre douleur ?
7. Qu'avez-vous peur de perdre ?
8. Comment tout cela vous est-il utile ? Est-ce positif ?

Répondez à ces questions aussi honnêtement que possible. Elles vous permettront de comprendre beaucoup de choses.

Le stress ou comment se renforcent nos pensées négatives

Vous le savez, nous avons tous de "mauvais" jours, pendant lesquels rien ne semble aller "comme nous le voudrions".

Si nous sommes déjà bloqués dans un schéma de pensée négatif rigide, ce genre de journée peut multiplier la négativité par cent. Ce n'est pas bon pour nous. Nous sommes déjà suffisamment chargés. Nous devons apprendre à abandonner ces fardeaux et les laisser aller. Parmi les stress quotidiens, il peut y avoir :

1. Votre mari/femme/amoureux ou meilleur ami
2. L'argent en général ou les finances du ménage
3. Le chien/chat ou n'importe quoi d'autre

4. Un rendez-vous (mon favori)
5. La situation de travail, les employés ou les patrons
6. La voiture/bus ou n'importe quel moyen de transport.

Les psychologues et les psychiatres ont relié l'origine ou l'aggravation de chaque maladie physique à des agents stressants. Les éléments mentionnés ci-dessus peuvent en faire partie.

Il nous suffirait d'apprendre à lâcher prise ou même seulement à gérer nos stress pour que la moitié de la bataille contre notre maladie, ou notre "mauvais" jour, soit gagnée.

Exercice sur le stress

Essayez de faire cet exercice pour vous soulager du stress. Posez-vous les questions suivantes :

1. Puis-je réellement faire quelque chose pour changer cette personne ?
2. Quelle est la plus petite chose que je pourrais faire actuellement pour améliorer mes finances ?
3. Les animaux sont-ils capables de faire mieux ? Ils sont si aimants.
4. Si j'ai un accident de la circulation, arriverai-je plus vite ? Ai-je fait une promesse vaine ? Quelle obligation suis-je en train d'essayer de m'imposer en ce moment ?
5. Ce travail est-il celui qui me convient le mieux ? Puis-je y réaliser mon potentiel créatif ? Serais-je en train d'essayer de le quitter ? Est-ce que

j'aime celui pour lequel je travaille (ou ceux qui travaillent pour moi) ?

6. Que pourrais-je faire pour arriver à temps ? Puis-je être sûr d'être à l'heure ? Si ma voiture tombe en panne, pourrais-je la réparer ?

Puis nous pouvons nous poser quelques questions d'ordre général :

1. Ai-je appris quelque chose de cette situation “stressante” ?
2. Que ferais-je différemment si elle se reproduisait ?
3. Etait-elle si terrible ?
4. Renfermait-elle un peu d'humour ?
5. Ai-je rencontré quelqu'un de nouveau et de merveilleux grâce à elle ?

Après avoir réfléchi sur ces questions, prenez quelques respirations profondes et faites-les disparaître doucement - comme si vous faisiez disparaître les agents stressants eux-mêmes. D'ailleurs, c'est exactement ce que vous faites.

L'humour

Il s'agit d'une façon parmi d'autres d'abandonner positivement une énergie négative. Tout comme la rationalisation, les pleurs, la colère et les cris. Le rire - l'humour - est l'un de ces instruments puissants.

Dans mes réunions du mercredi soir, j'ai découvert que l'ouverture à l'humour, planifiée ou non, fait lâcher beaucoup d'émotions refoulées. En fait, j'ai l'habitude de ménager un “temps de rire”, pendant lequel nous racontons tous des blagues à tour de rôle. Rire, laisser tout sortir, n'est pas si facile pour tout le monde. Certains ont du mal à rire comme d'autres à dire ce qu'ils pensent - car, au fond, c'est la même chose.

Voici quelques questions à vous poser lorsque vous vous mettez en colère ou devenez négatif.

1. La situation n'est-elle pas assez ridicule pour que vous vous mettiez à rire ?
2. Il/elle n'a-t-il/elle pas tout à fait l'air d'un .... ?
3. Qui ou quoi cette situation vous rappelle-t-elle ?
4. Ne pourrions-nous pas simplement rire et laisser tomber ?

Souvenez-vous, le pouvoir de l'humour n'est pas à prendre à la légère.

Norman Cousins, dans son livre intitulé *La Volonté de guérir*, a montré avec clarté comment il a utilisé le rire et l'alimentation pour guérir complètement son organisme de la maladie.

Les changements physiques négatifs

Voici une leçon essentielle sur l'amour de soi-même lorsqu'on sait qu'on est plus que son corps physique. Regardez comment nous réagissons à l'expérience normale et naturelle du vieillissement : nous avons fixé par rapport au fait de prendre de l'âge des règles qui nous rendent tous perdants ; nous en avons fait une faiblesse, quelque chose qui doit être méprisé et évité à tout prix. Pourtant chacun de nous, s'il ne meurt pas jeune, vieillira.

Lorsque nous approchons de ce qui pourrait compter parmi les plus belles années de notre vie, nous regardons avec consternation les rides apparaître. Autrefois, les personnes âgées étaient révérées et l'on se tournait vers elles pour leur sagesse. Maintenant, nous les méprisons et les laissons de côté pour qu'elles meurent seules, ou bien nous les plaçons dans des maisons de retraite. Nous ne semblons pas comprendre que notre comportement nous sera retourné. Je frémis en pensant à la manière dont ceux qui agressent ou volent des personnes âgées seront traités lorsqu'ils vieilliront.

Notre corps est un habit que porte notre personnalité. Notre âme a choisi de se servir de ce corps-ci avant de venir sur la planète. Il n'a rien à voir avec notre valeur intrinsèque. Celle-ci tient à notre appréciation de nous-mêmes.

Si nous avons une maladie physique et que notre corps est abîmé, notre manière d'agir dépend beaucoup de la manière dont nous nous considérons. Si nous ne nous aimons pas, voire si nous nous haïssons, nous profiterons de cette expérience physique pour aller plus loin dans ces sentiments. Si nous sommes en paix avec nous-mêmes, nous accepterons ces changements et en tirerons le meilleur parti.

Pour la plupart d'entre nous, il arrive souvent un temps, tôt ou tard, où nous devons demander de l'aide. Notre indépendance naturelle rend difficile d'être dépendant d'autrui, parfois pour les besoins les plus élémentaires. Pourtant, nous pouvons le faire. C'est une façon d'accepter de l'amour. J'ai souvent entendu de grands malades dire : "Je ne savais pas qu'autant de gens m'aimaient." Quelquefois, une maladie grave est nécessaire pour nous faire ralentir suffisamment et recevoir ainsi l'amour qui était toujours présent.

Parfois la maladie va jusqu'à la mort. Beaucoup d'entre nous ont alors l'impression d'un échec, comme s'ils avaient commis une erreur. Tout comme du vieillissement, nous avons fait de la mort un échec, quelque chose à éviter. La profession médicale utilise la technique pour forcer le corps à rester en vie bien au-delà de ses capacités. La mort, comme la naissance, est normale et naturelle. Elle vient rarement à ce que nous pensons être le bon moment.

Avec la vie, nous entrons et partons toujours au milieu du film.

Quand la mort approche, nous pouvons l'accepter avec paix. Combattre ce qui *est* n'apporte que douleur et souffrance. Pour nous tous, la mort devient un temps pour exprimer davantage d'amour. Etre avec la personne mourante et répéter simplement : "Je t'aime; tu es en sécurité", est la meilleure chose que vous puissiez faire pour elle. Si vous êtes celui qui traverse le processus de la mort, ouvrez-vous à l'amour qui vous entoure et sachez que vous êtes en sécurité. Malgré les légendes effrayantes que nous avons créées autour de la mort, tous ceux qui sont revenus d'une expérience au seuil de la mort parlent de la paix et de l'incroyable amour qui nous attendent lorsque nous passons de cette planète à la vie dans l'au-delà, quelles que soient les circonstances de vie physique que nous laissons derrière nous.

Il est vrai que nous avons le pouvoir de combattre tous les types de maladies existant sur cette planète, mais il est également vrai qu'il y a un temps pour se défaire du corps usé. Aidons-nous les uns les autres à le faire dans la paix, la dignité et même la joie. Nous pouvons trouver la joie dans toutes les phases de la vie, depuis notre premier souffle jusqu'au dernier. Faisons-en une expérience d'amour. La mort, comme la vie, peut être une expérience très simple - paisible, entourée d'amour, comme un doux glissement à travers une porte.

Où est le blâme ?

Je n'ai jamais voulu blâmer qui que ce soit pour quoi que ce soit. Je sais que nous faisons tous du mieux que nous pouvons à tout moment. Oui, même lorsque nos parents faisaient leur apprentissage sur nous, ils faisaient de leur mieux, en fonction du système de croyance qu'on leur avait enseigné. Nous nions notre sagesse intérieure en acceptant les opinions négatives que les autres entretiennent à notre sujet. Et nous sommes tous également responsables d'émettre des opinions négatives sur les autres. Nous nous conditionnons les uns les autres à être moins que ce que nous pouvons être par la manière dont nous parlons.

Combien d'entre nous ont dit que les hommes ou les femmes, ou les homosexuels, ou les Noirs, ou les personnes âgées, ou les jeunes, ou cette race ou ce groupe religieux, ou même des gens qui s'habillent d'une certaine façon, ne sont pas assez bien ? Ces pensées dégradantes sortent de nous et nous reviennent en nature. Nous devons être conscients des lois à longue portée de cause à effet et de la manière dont nos pensées nous affectent.

TRAITEMENT

Aujourd'hui est une autre journée précieuse sur terre. Nous allons la vivre dans la joie. Je choisis maintenant de chasser de mon esprit et de ma vie toute idée et toute pensée négative, de destruction, de peur. Je n'écoute plus les idées et les conversations malveillantes et n'y participe plus. Aujourd'hui, personne ne peut me faire du mal parce que je refuse de croire que je puisse être blessé.

Que cela paraisse justifié ou non, je refuse de me laisser aller à des émotions nuisibles. Je m'élève au-dessus de tout ce qui serait suceptible de me mettre en colère ou de me faire peur. Les pensées destructrices n'ont pas de pouvoir sur moi. La culpabilité ne change pas le passé. Je pense et dis seulement ce que je veux créer dans ma vie. Je suis plus qu'à la hauteur pour tout ce que j'ai à faire. Nous sommes un avec le pouvoir qui nous a créés.

Nous sommes en sécurité et tout est bien dans notre monde !

6

L'autopunition : abus de drogues, alcoolisme, mauvaise alimentation

Affirmation :
Je bénis mon corps avec amour !

L'abus de drogues

L'abus de drogues est très répandu. C'est devenu l'une de nos meilleures méthodes de fuite. Les drogues nous soumettent à de grandes tentations. "Viens jouer avec moi ; je te donnerai du bon temps et te ferai te sentir bien", semblent-elles dire. Et c'est vrai : pour un temps, elles nous permettent de nous sentir bien ; elles modifient notre réalité. Ce qui n'est pas évident d'emblée est le terrible prix qu'elles vont nous faire payer. Après un certain temps, notre santé commence à se détériorer rapidement et nous ne nous sentons plus bien. En outre, nous nous retrouvons sous l'emprise d'une conduite compulsive, recherchant la drogue à tout prix et prêts à tout pour l'obtenir. Nous nous mettrions en faillite, volerions, ruinerions nos relations et irions jusqu'à nous autodétruire.

Les drogues dépriment notre système immunitaire jusqu'à des niveaux dangereux. Pourquoi envisageons-nous même de les prendre ?

Oui, il y a souvent une pression de notre entourage, qui peut nous conduire à les essayer à l'occasion. Leur usage répété est une autre histoire. Je cherche à rencontrer quelqu'un qui se sente réellement bien avec lui-même tout en se droguant régulièrement. Nous prenons des drogues pour échapper. Echapper à nous-mêmes. Echapper à nos sentiments. Pour faire comme si nous nous sentions bien. Pour cacher que nous souffrons. Pour nous donner une fausse résistance afin de continuer à nous maltraiter.

Tout commence par le fait que nous n'aimons et n'apprécions pas qui nous sommes. Nous avons toujours cette impression remontant à l'enfance de ne pas être assez bien et essayons de l'oublier. C'est une méthode qui ne marche jamais car, quand l'effet de la drogue se dissipe, nous nous sentons encore plus mal qu'avant, mais en général la culpabilité liée à sa prise passe au premier plan.

L'alcoolisme

C'est une vieille méthode de fuite. L'alcool est également utilisé pour la fête et la détente ; ceux qui ont peu de respect d'eux-mêmes oublient très rapidement ces raisons. L'alcool affecte le foie. Le foie, comme la vésicule biliaire, est en rapport avec la colère. La vésicule biliaire représente la colère et l'amertume envers autrui. Le foie représente la colère envers soi, la haine de soi.

Les alcooliques ne sont pas du tout prêts à se pardonner à eux-mêmes. Jour après jour, ils se punissent. Ils trouvent excuse sur excuse pour boire plus que de mesure parce leur objectif est de se punir et d'abuser d'eux-mêmes. Pourquoi ? Parce qu'à un certain moment, pendant leur enfance, ils se sont mis dans l'idée que non seulement ils n'étaient pas assez bien, mais qu'ils étaient mauvais et avaient besoin d'être punis.

La mauvaise alimentation

Nous connaissons tous les aliments qui sont nutritifs pour nous. Chaque fois que vous vous laissez aller à avaler un repas tout prêt ou une sucrerie, n'y a-t-il pas un signal d'alarme qui s'allume dans votre tête ? Ou ne vous entendez-vous pas dire à la personne qui vous accompagne : “Je ne mange jamais CELA” ou “C'est une exception” ?

Nous connaissons tous les bases d'une bonne alimentation. Pourtant nous utilisons la nourriture comme un autre moyen de nous punir - en produisant dans notre vie obésité ou problèmes de santé.

Nous sommes devenus des peuples de drogués aux aliments de mauvaise qualité. Nous avons laissé les grands transformateurs de produits alimentaires et leurs publicités influencer nos habitudes nutritionnelles. Il fut un temps où chacun connaissait le goût de la bonne nourriture parce qu'il y en avait partout. Maintenant nous avons des enfants et des adultes jeunes qui n'ont jamais goûté un véritable aliment. Ils ont été élevés avec des aliments en boîte, en bouteille, congelés, emballés, passés au four à micro-ondes, et avec des combinaisons chimiques qui sont des imitations d'aliments.

Il est normal et naturel pour nous de vouloir continuer à manger ce que nous donnaient nos parents pendant notre enfance. C'est un schéma ancien et c'est également une manière pour l'enfant en nous de se sentir encore aimé. Le fait de changer nos habitudes alimentaires de base est souvent vécu comme un rejet de nos parents.

A aucun moment de notre vie nous n'avons reçu une information correcte sur l'alimentation. Si nous avons des informations, elles proviennent de l'industrie de la viande, de l'industrie laitière, de l'industrie des aliments tout prêts, etc., chacune faisant la promotion de ses propres produits. A moins d'avoir été élevés dans une famille au courant des vraies méthodes nutritionnelles et nous donnant une alimentation digne de ce nom, nous n'avons pas idée des aliments réellement bons pour notre corps. On n'enseigne rien aux médecins sur la nutrition. S'ils veulent s'informer sur l'alimentation et ses effets sur l'organisme, ils doivent suivre des cours supplémentaires de leur propre initiative. Le point de vue médical courant est centré sur la chirurgie et les substances chimiques.

La nutrition est donc devenue pour nous aussi une étude que nous devons aborder de nous-mêmes. Par tâtonnements, nous pouvons trouver quels sont les aliments qui nous donnent le plus d'énergie et nous permettent de nous sentir bien. Nous pouvons aussi demander à un nutritionniste possédant une bonne formation de nous guider.

TRAITEMENT

Aujourd'hui est une autre journée précieuse sur terre. Nous allons la vivre dans la joie. Je respecte et protège mon corps, parce que ma santé est importante pour moi. Mon corps devient de plus en plus précieux pour moi au fur et à mesure que les jours passent. J'aime le temple, la salle de classe, dans lesquels je vis. J'apprécie profondément chaque organe, chaque muscle, chaque articulation et chaque cellule de mon corps. J'utilise tous mes sens pour accroître mon lien intime avec mon moi physique.

Je bénis mon corps. Je lui suis reconnaissant. J'aime mon corps. Nous sommes un avec la Puissance qui nous a créés.

Nous sommes en sécurité et tout est bien dans notre monde !

7

Dépasser la négativité

Affirmation :
Avec l'amour, nous pouvons tout vaincre !

Nous avons en nous tous les sentiments nécessaires pour nous aider à traverser toutes les expériences possibles. Aucun ne manque. Il n'y en a pas de bons ni de mauvais. Ce ne sont que des sentiments ; quand nous nous autorisons à vivre ceux qui sont présents, quels qu'ils soient, ils passent. Quand nous les fuyons, ils restent là à nous attendre. Nous pouvons aussi nous engourdir et en arriver à un point où nous ne savons même plus ce que nous ressentons.

Les sentiments ne sont rien d'autre que des pensées en mouvement dans notre corps. Quand nous nous apercevons que nous créons nos sentiments par les pensées que nous choisissons d'avoir, nous sommes capables de faire des choix différents et de créer des expériences différentes.

Nous nous créons parfois un sentiment de solitude qui provient en général d'une peur de notre enfance. Une autre raison pour laquelle nous avons peur d'être seuls est que nous ne nous acceptons pas en tant que personne. Combien de fois avez-vous dit : “Je veux que quelqu'un m'aime” ? Eh bien, vous êtes quelqu'un ! Si vous n'avez pas d'amour dans votre vie, c'est probablement parce que vous ne vous aimez pas vous-même. Si vous n'arrivez pas à supporter votre propre compagnie, pourquoi quelqu'un d'autre vous supporterait-il ?

Réactions initiales à un diagnostic

En cas de maladie grave, lors du premier diagnostic, le plupart des gens passent par les réactions suivantes :

1. peur et panique
2. négation
3. colère et dépression
4. désespoir

Quand quelqu'un apprend son diagnostic, sa réaction initiale en cas de maladie grave est la peur et la panique, ce qui est normal et naturel. On se trouve face à l'inconnu. On a entendu beaucoup d'histoires horribles. Le pronostic populaire est “terminal”.

Puis on traverse souvent une phase de négation. “Oh non, pas moi !” “Ce n'est pas possible.” “Ce n'est pas ma faute.” Alors, la colère se tourne vers l'intérieur et devient dépression. “Je reste assis à fixer le mur.”

Elle peut aussi devenir un sentiment d'impuissance et de désespoir. “Cela ne marchera pas.” “A quoi bon ?” “Pourquoi essayer ?” “Je vais me contenter d'écrire mes dernières volontés et renoncer.”

Parfois apparaissent des regrets. C'est une force très destructrice. Nous nous disons : “Si seulement je n'avais pas fait telle ou telle chose, j'irais bien maintenant." Ceci est tout simplement inexact. En fait, votre état actuel reflète votre situation à ce point du temps et de l'espace. L'acceptation est la première étape vers la paix intérieure et l'amour de soi.

Il est normal et naturel de traverser ces étapes. Il est également normal et naturel de les dépasser. Autorisez-vous à avoir tous vos sentiments. Pleurez, enragez, boudez, laissez votre corps exprimer ce qui se passe à l'intérieur de vous. Puis demandez-vous : "Que puis-je faire pour aller mieux ?" C'est alors que vous chercherez de l'aide.

La colère

Il y a beaucoup de colère liée aux maladies mettant la vie en danger. Colère face à la maladie elle-même. "Pourquoi moi ?" En outre, la maladie fait souvent remonter de vieilles colères enfouies depuis des années. Colère envers notre famille pour nous avoir diminués et amoindris quand nous étions enfants. Colère envers elle pour nous avoir rejetés quand nous n'avons pas comblé ses rêves.

Puis il y a la colère envers les amis et les amoureux qui ne nous soutiennent pas comme nous le voudrions ; il semble y en avoir beaucoup qui ne comprennent pas. Nous sommes en colère envers nous-mêmes pour avoir créé les conditions qui ont permis à la maladie de s'installer dans notre corps. Colère envers nous-mêmes pour n'avoir pas les réponses à portée de la main. Pour nous sentir impuissants. Pour devoir être dépendants. Colère de voir mourir tant de nos amis et de ceux que nous aimons.

Il y a une grande colère face aux médecins quand ils n'ont pas de réponses et s'ils brandissent, parfois durement, des sentences de mort. Colère face à ce que coûtent des examens et des médicaments qui ne guérissent pas. Colère face aux gens qui s'occupent de la santé parce que nous voudrions qu'ils fassent plus de choses. Colère, colère, colère, rage et impuissance.

Que pouvons-nous faire de tous ces sentiments intenses ? Comment pouvons-nous gérer la colère de manière positive ? L'avaler et la laisser s'installer dans notre corps n'est pas favorable à notre guérison. Nous devons faire sortir ces sentiments.

Il y a plusieurs possibilités. Parfois nous pouvons dire aux gens pourquoi nous sommes en colère et ainsi nous décharger de nos sentiments. Nous pouvons aussi nous tourner vers d'autres méthodes : battre des coussins, frapper le lit, hurler dans notre voiture ou dans nos oreillers, taper dans un punching-ball en salle de gymnastique ou même courir ou jouer au tennis.

Nous pouvons faire une méditation dans laquelle nous laissons toute notre rage s'écouler librement, puis nous nous pardonnons, nous et les autres. Nous pouvons parler à l'autre personne ou crier sur elle en utilisant un miroir.

Chaque fois que nous laissons sortir de la rage envers quelqu'un dans une méditation ou dans un travail de miroir, nous devons terminer en pardonnant à la personne et en lui disant que ce que nous voulons réellement est son amour et son approbation. Si nous ne le faisons pas, l'exercice n'est qu'une affirmation négative et ne contribue pas à notre guérison. Il y a une différence entre abandonner de vieilles colères et simplement les remâcher. Le pardon vous aide à lâcher prise.

Exercice sur la colère

Voici un exercice ayant pour but de décharger la colère que nous ressentons si souvent.

Mettez-vous face à une glace et regardez-vous dans les yeux. Voyez-vous vous-même ou voyez la personne qui, d'après vous, vous a fait du tort. Sentez la colère vous traverser. Dites à cette personne exactement ce qui vous met en colère. Montrez toute la colère que vous sentez nécessaire de montrer. Vous pouvez dire par exemple :

1. Je suis en colère envers toi parce que...
2. Je suis blessé parce que tu m'as fait...
3. J'ai tellement peur parce que...
4. Ce que j'aimerais vraiment faire est...

Laissez tout sortir. Lorsque vous avez fini d'exprimer votre colère à cette personne, dites :

5. Allez, c'est bon, c'est fini.
6. Je te libère et te laisse aller.
7. Qu'est-ce que je crois à mon sujet qui a créé cela ?
8. Quelle croyance pourrais-je changer de façon à ne plus être en colère ?

La peur

La maladie, et surtout le sida actuellement, nous met face à face avec nos plus grandes peurs. Peur de perdre. Peur du rejet. Peur d'être impuissant et seul. Peur de la souffrance et, bien sûr, peur de la mort. Il est normal et naturel de connaître ces peurs. Nous reconnaissons qu'elles sont là, mais nous voulons les dépasser. Souvenez-vous, la peur est toujours pire que la réalité.

Pour la personne très atteinte, la peur de perdre peut être immense : perte d'indépendance ; pour beaucoup, changement dans l'apparence physique ; perte d'identité professionnelle ; expérience de la perte anticipée de toutes les personnes, endroits et objets aimés.

C'est là que le groupe de soutien est très utile. Oui, parler de ses peurs - non pas s'appesantir sur elles, mais trouver des moyens de prendre des distances vis-à-vis d'elles. Apprendre des autres comment ils les manient. Se tenir à distance des individus ayant des attitudes négatives. Vous avez besoin de tous les gagnants et de toutes les personnes positives que vous pouvez trouvez dans votre vie maintenant.

Une chose très simple est utile : respirer. Respirer profondément détend le corps et l'esprit. Faites-le souvent durant la journée. Vous pensez beaucoup plus clairement quand vous êtes détendu et vous ne sautez pas immédiatement à la pire conclusion.

La méditation réussit à beaucoup de gens. L'affirmation "tout est bien" peut apporter une grande paix. Quand nous modifions notre attitude, nos expériences se modifient également.

Il est important d'aborder l'éventualité de la mort. Qui que nous soyons et quelle que soit notre maladie, c'est une expérience que nous TRAVERSERONS.

Quels sont vos sentiments à propos de la mort ? Que croyez-vous qu'il va vous arriver lorsque vous mourrez ? Avez-vous été élevé dans une religion où l'on parle du feu et du soufre de l'enfer ? Croyez-vous réellement que vous allez brûler en enfer pour toujours ? Si vous avez adopté ce concept, vous serez terrifié de mourir. Avez-vous envie de changer cette croyance ? Vous êtes maintenant adulte ; vous pouvez faire de nouveaux choix à propos de tout, même de votre religion. Adoptez une idée de la mort qui vous soutienne réellement. Alors vous pourrez vous détendre et vivre.

La culpabilité

La culpabilité est une autre émotion à éliminer aussi vite que possible. Elle ne sert de toute façon à rien, si ce n'est à nous mettre très mal à l'aise. Nous n'en avons absolument pas besoin. Nous sommes en chemin vers l'amour de nous-mêmes.

Malheureusement, nous sommes trop nombreux à avoir dans notre enfance été manipulés et poussés vers une bonne conduite par la culpabilité. En conséquence, nous vivons tout le temps sous une chape de culpabilité à propos de quelque chose.

Ou bien nous croyons pouvoir pousser les autres à faire telle ou telle chose en les culpabilisant. Ce n'est pas une habitude qui guérit.

Certains d'entre nous ont accepté de se culpabiliser de ne pas être assez bien pour une raison ou une autre. Quelle que soit l'origine de nos sentiments de culpabilité, il est temps de les abandonner. Le passé est terminé et achevé ; nous ne pouvons pas le changer. Aujourd'hui nous pouvons le laisser aller. Alors mobilisons notre énergie et employons-la à trouver comment nous aider à guérir. "Je m'aime et je m'accepte exactement tel que je suis" est une bonne affirmation pour abandonner ce genre de culpabilité.

Le ressentiment

Le ressentiment n'est que de la colère refoulée. Au lieu d'exprimer cette colère d'une manière positive, nous la ravalons ou croyons ne pas avoir le droit d'être en colère, et c'est ainsi que nous nous retrouvons pleins de ressentiment et peut-être même déprimés. Le principal problème du ressentiment vient de ce qu'il se loge dans le corps. A force, si nous en accumulons suffisamment, il commence à attaquer nos organes ou nos articulations. Le cancer est le résultat ultime de ressentiments longtemps conservés. Ce n'est pas la peine de s'accrocher à ces vieilles blessures. Abandonnez-les. Au moins pour votre santé, si ce n'est pas pour une autre raison. Comment ? Employez simplement le bon vieux pardon.

Une émotion qui accompagne souvent le ressentiment est le chagrin. Apprendre à gérer cette puissante émotion et l'utiliser pour notre plus grand bien sera bénéfique pour notre processus de guérison et améliorera de façon générale notre vie et celle des personnes de notre entourage.

Le deuil

Nous vivons une époque où le deuil prend des proportions que nous ne croyions pas possibles. Quelqu'un m'a dit récemment avoir perdu cent quarante de ses amis. Pouvez-vous imaginer le sentiment de perte et le chagrin provoqués par le fait de voir tant d'amis mourir ? Des amoureux perdent leur partenaire. Des parents perdent des enfants. Quand quelqu'un que vous aimez meurt, il vous faut au moins une année entière pour achever le processus de deuil. S'il y a quelqu'un qui meurt tous les mois ou toutes les semaines, comment pouvez-vous venir à bout de ce processus ? Il devient permanent.

Le chagrin peut être intense et submergeant. Il nous faut puiser profondément dans nos réserves de forces pour tenir dans de telles circonstances. Il n'existe pas de réponse toute faite. Chacun trouve sa propre manière de réagir. Les groupes de soutien et les amis aident à rendre la douleur plus supportable. Il peut être utile de faire une méditation pour quitter le deuil. Dans la plupart des villes américaines, des groupes se constituent maintenant pour aider ceux qui se trouvent dans ce type de situation à gérer leurs sentiments intenses.

Quand nous avons perdu quelqu'un que nous aimons, nous pouvons considérer la situation d'un point de vue différent. Je crois que nous sommes toujours reliés à ceux que nous aimons et que nous pouvons communiquer avec eux à tout moment. Ils ont peut-être quitté le plan physique, mais le lien subsiste sur les niveaux mental et spirituel. Et nos souvenirs ? N'existent-ils pas toujours ? Ne sont-ils pas des réalités pour nous ?

Ayant quitté le plan physique, ceux que nous aimons ne connaissent plus nos attachements et nos peurs. Ils ont une perspective cosmique sur la vie éternelle. Leur point de vue est tellement élargi qu'ils peuvent nous donner des conseils qui ne sont pas limités par la pensée humaine. Nous voyons une partie d'une seule vie ; ils voient plusieurs plans d'action et l'entrecroisement de plusieurs vies. Nous pouvons leur parler, achever toutes les affaires que nous n'avions pas terminées. Nous pouvons leur demander de l'aide pour tous les problèmes.

Demandez-leur de vous aider dans votre chagrin. Votre perte ne se situe que sur le plan physique ; les autres liens ne disparaîtront jamais. Ne vous détournez pas d'eux ; restez relié.

Sur le plan nutritionnel, nous pouvons aussi lutter contre le deuil. Par mes études, j'ai découvert un remède de fleur du docteur Bach utile pour soulager la douleur qui accompagne le chagrin. Il s'appelle Etoile de Bethléem et on peut le trouver dans la plupart des magasins diététique. C'est une essence de fleur, totalement inoffensive, qui peut être utilisée par tout le monde. On en prend quelques gouttes plusieurs fois par jour et elle aide à soulager la douleur. Elle ne change pas la situation, mais elle aide à surmonter le vide de la douleur aiguë.

Exercice sur le deuil

Mon ami Samuel Kirschner a écrit un merveilleux exercice sur le deuil, le voici.

"Respirez; inspirez et expirez. Regardez votre respiration ; mettez-vous en harmonie avec elle. Regardez vos sentiments ; regardez vos pensées et acceptez-les toutes.

Imaginez-vous sur un sentier en forêt. C'est une journée magnifique ; il y a une légère brise, des rayons de soleil filtrent à travers les arbres. Vous arrivez au bord d'une rivière que vous découvrez vaste, longue et large. Continuez à respirer. En approchant de l'eau, vous y apercevez un reflet - votre reflet. L'eau commence à bouger, formant de petites vagues, et le reflet se trouble. En levant les yeux, vous voyez un petit bateau. Sur ce bateau, il y a une présence, que vous identifiez immédiatement comme étant votre guide spirituel.

“Le bateau s’approche de plus en plus et votre guide spirituel vous invite à bord. Vous embarquez avec une grande confiance. Le bateau descend très paisiblement la rivière, porté par le courant. Vous vous sentez soutenu, rassuré et en sécurité. Le bateau continue à glisser, la lumière alentour devient plus forte. Vous pouvez à peine regarder vers le haut tellement elle est intense. Elle devient de plus en plus chaude et douce. Vous vous sentez attiré par elle ; vous avez envie d’entrer en elle.

“Maintenant, en levant les yeux, vous apercevez une petite île. La lumière attire le bateau. En approchant, vous distinguez un palais de cristal et la lumière se transforme en un bleu lumineux. Comme le bateau accoste, vous découvrez de nombreuses présences. Elles n’ont pas de corps ; elles sont faites de lumière. Elles vous aident à sortir du bateau et vous portent ; votre guide spirituel vous suit.

“Vous commencez à reconnaître des personnes que vous avez connues dans le passé et qui sont maintenant de l’autre côté ; elles sont toutes autour du palais de cristal.

“Vous êtes conduit dans le palais, dans une grande pièce faite de cristaux. L’un après l’autre, vous reconnaissez ceux qui vous étaient chers et qui ont quitté la planète ; là, vous avez l’occasion de leur parler et vous leur dites, à tour de rôle, ce que vous ne leur aviez pas dit avant leur départ. Vous pouvez poser autant de questions que vous le voulez ; ils vous répondent volontiers. Ils semblent tous très heureux, très paisibles.

“Vous laissez tous vos sentiments s’exprimer, car il n’y a aucun danger : ils sont bien acceptés et bienvenus. Vous dites à ces personnes qu’elles vous manquent, qu’elles ont influencé votre vie ; vous leur dites combien vous vous sentiez proches d’elles et combien leur départ a été pénible et brutal. Elles comprennent et acceptent tout ce que vous leur dites, tout ce que vous leur exprimez.

"Vous leur expliquez comment, sans elles, la vie continue pour vous dans le monde. Combien vous avez peur pour vous-même. Vous demandez leur pardon et vous le recevez si totalement que vous vous pardonnez vous-même. Votre guide spirituel vous soutient et vous réconforte. Et d'autres êtres encore apparaissent... Vous continuez ; vous leur dites que leur vie n'a pas été vaine ; vous leur dites combien ils ont enrichi la vôtre, combien ils ont été importants pour vous. Vous leur demandez de rester en contact avec vous, de vous guider et de rester reliés.

"Vous continuez à respirer et à vous déplacer. S'il y a des parents que vous avez perdus, vous les rencontrez également - membres de la famille et aussi amis, amoureux. Vous continuez à respirer. Maintenant, vous laissez sortir tout votre chagrin; la lumière l'absorbera. Il est bon de ressentir ce que vous ressentez à l'instant même.

"Si vous en éprouvez le besoin, vous allez vers quelqu'un pour le serrer dans vos bras. Permettez-lui d'en faire de même. Vous commencez à sentir que votre poitrine s'ouvre. Laissez entrer davantage d'air. Respirez profondément et laissez tout sortir. Maintenant vous arrivez tranquillement aux derniers de ces merveilleux êtres de lumière avec lesquels vous êtes entré en relation. Ils vous font tous des signes avec beaucoup d'amour. Ils vous aiment et vous comprennent totalement.

"Vous savez que vous pourrez les retrouver, mais à présent il vous faut partir. Vous êtes encore dans un corps humain et vous avez encore des choses à accomplir, des leçons à apprendre et du travail à faire. En leur disant au revoir, vous savez que vous et eux êtes en sécurité et qu'il n'y a pas de séparation. Vous savez également que, chaque fois que vous voulez entrer en contact avec eux, vous pouvez retourner à l'île au palais de cristal.

"Avec votre guide, vous approchez une nouvelle fois du bateau. La lumière est encore très intense et très tentante, mais vous devez vous en retourner. Ensemble vous embarquez et vous glissez de nouveau sur la rivière. Quand vous regardez derrière vous, la lumière est toujours très forte. La rivière lave toutes vos larmes ; lentement la lumière décline et faiblit. Votre guide spirituel vous remercie de votre volonté à rester humain et vous ramène sur la rive. Vous apercevez dans l'eau un clair reflet de vous-même ; il est lumineux. Vous êtes de retour; le chagrin est parti."

TRAITEMENT

Aujourd'hui est une autre journée précieuse sur terre. Nous allons la vivre dans la joie. Je suis ouvert et réceptif à l'énergie, au bonheur et à la paix. Je choisis de construire ma vie sur l'espoir, le courage et l'amour. J'accepte maintenant toutes les bonnes choses comme normales et naturelles pour moi. L'amour est une puissance de guérison miraculeuse dans mon univers. En utilisant l'amour, je peux reconstruire ma vie.

Nous avons le pouvoir et la force de surmonter ce qui semble insurmontable. Nous sommes un avec le pouvoir qui nous a créés.

Nous sommes en sécurité et tout est bien dans notre monde !

8

Le pardon : le chemin vers la liberté personnelle

Affirmation :
Je suis désireux de pardonner !

Le pardon

Notre but ultime est l'amour et la porte qui ouvre sur l'amour est le pardon. Tout au long de ce livre, vous remarquerez que je reviens sans cesse sur le sujet de l'amour et du pardon. Oui, c'est simpliste. Mais ça marche ! L'amour est la réponse qui guérit. Si nous avons des difficultés à nous aimer nous-mêmes, c'est généralement parce que nous sommes bloqués quelque part dans le domaine du pardon. Nous ne cessons de nous justifier et de revendiquer. Il est possible que nous "ayons raison", mais nous ne sommes pas heureux. Nous nous bloquons et blâmons tout et tout le monde sans voir notre manque de volonté à lâcher prise.

Les bénéfices du pardon ne sont pas minces : il nous rend un peu plus légers et plus libres pour que des miracles puissent s'accomplir dans notre vie. Nul besoin de savoir comment pardonner. Tout ce qu'il faut, c'est vouloir le faire. La "volonté" de pardonner ouvre des portes et trouve le chemin. Parfois l'autre personne va même aborder ou évoquer le sujet, si bien que vous pourrez tous deux tirer les choses au clair.

Exercice sur le pardon

Tous les problèmes dans nos relations personnelles peuvent être liés à un manque de pardon pour l'une ou l'autre partie en jeu. Effaçons cela. Rappelez-vous que tout ce que vous pouvez ou devez faire est de commencer par vous-même. Voici un exercice simple pour augmenter votre conscience du pardon.

1. Demandez-vous quelle est la chose la plus difficile à pardonner. Quelle est la personne la plus difficile à pardonner ? Pourquoi ?
2. Si vous vouliez réellement pardonner à cette personne ou cet événement, vous savez que vous le pourriez. Qu'est-ce qui vous en empêche ?
3. Que seriez-vous prêt à donner en échange de cette négativité ? Pourriez-vous donner de la compréhension en réponse à l'abandon ? Pourriez-vous donner de la compassion en réponse à des injures et à la trahison ? Pourriez-vous juste donner votre pardon ?
4. Etes-vous désireux de changer vos anciennes croyances : "Je mérite d'être maltraité" en : "Je mérite d'être chéri" ?
5. Dans quelle mesure êtes-vous prêt à renoncer aux vieilles idées pour la nouvelle liberté que le pardon peut apporter ?

TRAITEMENT

Aujourd'hui est une nouvelle journée précieuse sur terre. Nous allons la vivre dans la joie. Personne ne peut m'enlever ce qui me revient de droit. Bien que je puisse ne pas savoir comment pardonner, je suis désireux d'entamer le processus, sachant que je trouverai de l'aide dans tous les aspects de ma vie. Je choisis de pardonner à tous ceux qui, un jour, ont fait quelque chose de négatif. C'est mon jour de pardon. Je me pardonne pour toutes les fois où, dans le passé, je me suis blessé et où j'ai blessé les autres. Je me libère de tous les fardeaux de culpabilité et de honte.

Je m'éloigne du passé et vis avec joie et acceptation le moment présent. Ils sont libres, et je suis libre. Nous sommes un avec le pouvoir qui nous a créés.

Nous sommes en sécurité et tout est bien dans notre monde !

9

Développer une attitude positive

Affirmation :
Je choisis de savourer ma précieuse journée !

Vivre avec une maladie mettant la vie en danger est une grande leçon “d’acceptation de ce qui est”. Ce peut être une expérience que, consciemment, nous ne voulons pas du tout.

Cependant, cette maladie existe et voilà que nous sommes atteints. Après être passés par les stades initiaux de la peur, la dénégation, la colère et la résignation désespérée, il nous faut aller vers une phase plus positive. La maladie est une période d’apprentissage. Qu’en apprendre et comment améliorer notre santé ? Nous pouvons nous mettre en colère contre elle et utiliser cette colère pour nous motiver à faire tout notre possible pour l’éliminer. Nous ne voulons pas être en colère contre nous-mêmes. Même si nous voyons clairement comment nous avons contribué à l‘apparition de notre maladie, nous refusons d’ajouter à nos problèmes de la colère contre nous-mêmes.

Le travail du miroir

L'une des possibilités est de faire chaque jour le travail du miroir : assis devant une glace, nous nous regardons dans les yeux avec amour et disons quelque chose comme : "Je t'aime, je t'aime réellement."

Faites cela en vous levant le matin et en vous couchant le soir. Faites-le plusieurs fois dans la journée si vous le pouvez. Si des sentiments désagréables remontent, ressentez-les simplement, laissez-les passer. Ce ne sont que les vieilles pensées que vous avez laissées vous limiter dans le passé. Votre volonté de vous aimer vous-même élimine ces pensées négatives.

Le matin, vous pouvez aussi commencer par aller devant votre miroir et dire : "Je t'aime. Que puis-je faire pour toi aujourd'hui pour te rendre heureux ?" Puis écoutez vos besoins intérieurs. Ce jour-là, ce peut n'être qu'une petite chose. En vous écoutant, vous commencerez à avoir confiance en vous et trouverez plus facile de faire confiance aux autres.

S'il vous arrive quelque chose de désagréable, allez immédiatement devant votre miroir et dites : "Tout va bien, je t'aime toujours." Il vous faut toujours vous rappeler que votre amour pour vous est plus important que tout événement qui puisse arriver. L'événement passera ; votre amour peut demeurer constant.

S'il vous arrive quelque chose de merveilleux, allez devant votre miroir et dites : "Merci." Remerciez-vous pour les bonnes choses qui vous arrivent. Plus vous vous appréciez, plus vous aurez de choses à apprécier.

Regardez-vous dans les yeux et dites : "Je te pardonne et je t'aime." Nous avons tous des choses à nous pardonner, nous sommes tellement durs avec nous-mêmes, tellement prêts à juger et à critiquer. Nous nous punissons pour la moindre erreur, même minime. Nous pouvons tous employer le pardon quotidiennement.

Utilisez le miroir pour parler aux autres. Vous pouvez liquider de vieilles histoires. Vous pouvez pardonner. Vous pouvez demander de l'amour et de l'approbation.

Le travail du miroir dans votre guérison personnelle

Nous pouvons aussi utiliser le miroir pour notre guérison personnelle. Le miroir dit toujours la vérité sur nous-mêmes. Et quand nous lui disons ce que nous voulons, il ne peut que refléter les choses positives. Vous pourriez commencer en disant par exemple :

"Je prends bien soin de toi. Ensemble, nous ferons tout ce que nous pourrons pour guérir. Je veux apprendre tout ce que j'ai besoin d'apprendre. Je veux changer et grandir. J'attire maintenant à moi tout ce dont j'ai besoin sur le plan physique pour m'aider dans ce processus de guérison. Je bénis avec amour cet état appelé (nom de la maladie) ; je veux l'abandonner et le laisser aller. J'aime mon système immunitaire et fais tout ce que je peux pour le rendre fort et sain. Il m'est facile de suivre mes nouvelles pratiques de santé. Mon corps devient chaque jour plus fort. Je me sens mieux et j'ai l'air mieux. Je suis en paix. Tout est bien dans mon univers."

Commencer la journée de cette manière vous mettra dans une disposition d'esprit plus positive. La seule façon de trouver une réponse pour nous-mêmes est d'adopter une approche positive. Nous ne pouvons attendre passivement un traitement de la profession médicale. Nous devons découvrir par nous-mêmes ce que nous pouvons faire : une bonne alimentation, de l'exercice, la méditation, la visualisation... Une attitude mentale positive est un grand soutien. Et, bien sûr, l'amour, l'amour pour nous et pour les autres, est le stimulant le plus puissant que l'on connaisse.

Comme je l'ai dit à maintes reprises, la raison pour laquelle tant d'entre nous ont des problèmes avec le miroir est que celui-ci nous dit la vérité. Nous sommes conscients de ce que nous pensons réellement de nous quand nous nous regardons dans le miroir. Si nous n'aimons pas qui nous sommes, nous trouvons pénible de nous regarder dans les yeux. C'est pourquoi nous critiquons notre aspect extérieur. J'ai remarqué que même les gens les plus beaux critiquent leur apparence physique quand ils ne s'aiment pas.

D'un autre côté, le miroir est l'un des outils les plus puissants si nous voulons faire des changements positifs dans notre vie. Le seul fait de se regarder dans le miroir, de se dire des choses positives ou de faire du "travail du miroir", comme je l'appelle, raccourcit le temps nécessaire au changement.

J'ai vu de nombreuses personnes changer leur vie rien qu'en se regardant dans le miroir et en disant : "Je t'aime, je t'aime réellement." Au début, cela peut paraître faux ou même bizarre. Cet exercice peut faire remonter de la colère, de la tristesse ou de la peur. Pourtant, si nous continuons à faire cette simple affirmation chaque fois que nous sommes devant un miroir, notre énergie intérieure commence à basculer, abandonnant les pensées et conduites destructrices. Peu à peu, nous découvrons que nous nous aimons réellement.

Vous pouvez utiliser le miroir pour dire aux gens ce que vous avez peur de leur dire face à face. Parlez à vos parents, vos amoureux, vos patrons, vos médecins, à toutes les personnes avec lesquelles vous avez besoin d'éclaircir les choses. "Sortez" ce que vous avez à dire, demandez une augmentation, déclarez à quelqu'un que vous l'aimez ou que vous voulez lui pardonner. Il est surprenant de voir combien vous pouvez éclaircir une situation ; ensuite, quand vous reverrez la personne, quelque chose aura changé. Si vous êtes étouffé par vos parents, utilisez le miroir pour créer de l'espace entre vous. Regardez dans le miroir et dites-leur : "Maman, ou papa, je veux que tu saches qui je suis réellement." Puis expliquez-leur. Dites-leur combien vous êtes merveilleux. Dites-leur ce que vous attendez d'eux. Dites-leur comment vous voudriez que ce soit entre vous. Terminez toujours en leur faisant savoir que vous voulez leur amour et leur approbation. Si vous procédez ainsi chaque jour pendant deux ou trois semaines et qu'ensuite vous leur téléphonez ou allez les voir, vous serez surpris de leur changement.

Traiter positivement les côtés négatifs

Si vous avez une maladie mettant la vie en danger, ne vous contentez pas d'avoir pour but de revenir là où vous en étiez avant de tomber malade. Ce n'était pas un bon endroit, sinon vous n'auriez jamais attrapé cette maladie.

Nous recherchons des traitements miracle. Les remèdes, naturels ou chimiques, peuvent être bénéfiques, mais ils ne représentent qu'un aspect de la guérison. Le corps, le mental et l'esprit doivent aller de concert. Si les chercheurs découvraient le médicament magique capable d'éliminer instantanément votre maladie, seriez-vous réellement guéri et en bonne santé ? Ou bien accepteriez-vous de ne prendre que ce traitement pour le corps et retourneriez-vous immédiatement à votre ancien style de vie mental et physique - pour créer autre chose à la place ?

C'est votre vie. Ce que vous en faites est votre affaire. Aucune thérapie ni aucun thérapeute ne feront le travail à votre place si vous ne voulez pas qu'ils le fassent. Si vous décidez de prendre une part active à votre processus de guérison, faites-le avec joie et amour. Votre cadeau sera d'apprendre quelque chose sur votre propre pouvoir.

TRAITEMENT

Aujourd'hui est une autre journée précieuse sur terre. Nous allons la vivre dans la joie. Des pensées positives de guérison sont celles que je choisis d'avoir. Je suis sur mon orbite parfaite et dans le Juste Ordre Divin, tout comme les étoiles et les planètes. Avec mon esprit humain limité, je peux ne pas comprendre tout ce qui se passe ; cependant, je sais que, au niveau cosmique, je me trouve à l'endroit juste, au moment juste, à faire la chose juste.

Cette expérience est une étape sur le chemin qui me mène vers une nouvelle conscience et une plus grande gloire.

Nous sommes un avec le pouvoir qui nous a créés. Nous sommes en sécurité et tout est bien dans notre monde !

10

Connaître son système immunitaire

Affirmation :
Mon système immunitaire
se renforce de jour en jour !

Notre système immunitaire est le gardien de notre corps. Il est efficace et loyal. Il a commencé à travailler avant notre naissance. Il détruit les envahisseurs et nous maintient en bonne santé. Pour avoir et garder une bonne santé, nous avons besoin d'un système immunitaire fort. Avez-vous pensé un jour à remercier votre système immunitaire ? Si ce n'est pas le cas, prenez un moment pour le faire maintenant.

Nous apprenons que l'amour est le stimulant du système immunitaire le plus puissant que l'on connaisse. Si l'amour stimule le système immunitaire, qu'est-ce qui le met à plat, le vide ? Le ressentiment, la peur, la dépression, la rage, la jalousie, le désespoir, le rejet, le regret, la pitié et la haine envers soi. Combien de fois et combien de temps vous permettez-vous d'avoir des émotions qui dépriment votre système immunitaire ? Il est normal et naturel que toutes les émotions nous traversent brièvement à certains moments. Cependant, si vous choisissez de rester dans des états émotionnels déprimants, vous ne contribuez pas à guérir votre système immunitaire.

Comment changer notre système immunitaire ? En nous changeant nous-mêmes. En changeant notre image de nous-mêmes. En aimant qui nous sommes. En voulant abandonner le passé et pardonner. Notre corps reflète toujours l'état de notre conscience dans l'instant présent. Souvenez-vous, si nous changeons nos croyances, nous changeons aussi, tant physiquement qu'émotionnellement. En changeant, nous n'avons souvent plus besoin de notre vieille maladie. Tout cela contribue à nous ramener à la santé et à nous guérir.

Si notre schéma de pensée habituel est négatif, c'est maintenant le moment idéal pour le changer. Si nous abandonnons une chose, une nouvelle doit prendre sa place. Nous pouvons procéder ainsi. Soyez disposé à remplacer :

le ressentiment	par la compréhension
la peur	par la paix
la dépression	par le pardon
la rage	par l'amour
la jalousie	par la joie
le désespoir	par l'espoir
l'apitoiement sur soi	par la responsabilité
le rejet	par l'acceptation
la haine de soi	par l'amour de soi

Nous commençons le processus par un choix conscient. Si nous remarquons que nous éprouvons du ressentiment, nous disons : “Non, je choisis d'être compréhensif.” Si nous sommes déprimés, nous avons le désir de pardonner. Si nous sommes en rage ou en colère, nous voulons transformer ces états en amour. Si nous sommes jaloux, nous désirons nous réjouir pour la bonne fortune de quelqu'un d'autre. Si nous sommes dans le désespoir, nous voulons espérer. Au lieu de rester dans une attitude de victime apitoyée sur elle-même, nous décidons de prendre nos responsabilités. Notre rejet peut se transformer en acceptation. Et la haine de soi peut se changer en amour de soi, si nous avons le désir qu'il en soit ainsi.

Non, cela ne se fera pas en un jour. Les vieux schémas ne s'en vont pas si vite. Souvenez-vous, ces schémas se sont installés en nous il y a de nombreuses années, il faudra donc un peu de temps pour les remplacer. Pourtant, si nous persistons dans la pratique, les résultats deviennent cumulatifs. Au bout d'un moment, nous découvrons que nous pensons différemment. Nous remarquons que nos réactions aux événements sont plus paisibles. Nous ne nous laissons, semble-t-il, plus autant perturber qu'avant. Les événements, eux aussi, changent. Nous amenons davantage d'expériences positives dans notre vie. Tout ceci stimule positivement notre système immunitaire et la santé de notre corps.

TRAITEMENT

Aujourd'hui est une autre journée précieuse sur terre. Nous allons la vivre dans la joie. Je sais que l'amour est le stimulant du système immunitaire le plus puissant que l'on connaisse. Je fais donc tout ce que je peux pour accroître l'amour que j'ai pour moi et pour les autres. J'abandonne volontairement tous les schémas de pensée négatifs qui nient ou bloquent ce flot d'amour. Je suis complètement immunisé contre toutes les idées ou expériences négatives qui m'entourent. Je n'ai pas de temps à perdre à ne pas pardonner ou à éprouver du ressentiment.

Aujourd'hui, j'abandonne ma maladie, car elle ne me sert plus à rien. J'affirme maintenant que toutes les cellules de mon corps répondent à une énergie nouvelle. Je suis un être neuf à chaque instant de cette journée. Nous sommes un avec le pouvoir qui nous a créés.

Nous sommes en sécurité et tout est bien dans notre univers !

11

Relaxation, méditation, visualisation, affirmation

Affirmation :
J'ai à ma disposition les outils dont j'ai besoin pour m'aider moi-même !

Relaxation et méditation

La relaxation est essentielle pour le processus de guérison. Il est difficile de laisser les énergies curatives couler en nous si nous sommes tendus et avons peur. Il suffit d'une minute ou deux, plusieurs fois par jour, pour permettre au corps de se relâcher et se détendre. A tout moment, vous pouvez fermer les yeux, prendre deux ou trois respirations profondes et abandonner vos tensions. Si vous disposez de davantage de temps, asseyez-vous ou allongez-vous tranquillement et parlez à votre corps pour qu'il se mette en relaxation complète. Dites-vous silencieusement : "Mes orteils se détendent, mes pieds se détendent, mes chevilles se laissent aller", etc., en remontant jusqu'à votre tête, ou bien en commençant par votre tête et en descendant.

A la fin de ce simple exercice, vous serez paisible et calme pour un moment. Si vous le répétez souvent, vous pouvez créer en vous un état de paix presque permanent. C'est une méditation physique très positive qu'il est possible de faire n'importe où.

Notre société a fait de la méditation une chose mystérieuse et difficile. Pourtant c'est l'un des procédés les plus anciens et les plus simples que nous puissions employer. Bien sûr, nous pouvons la rendre compliquée, avec une respiration spéciale et des mantras ritualisés ; toutefois ce type de méditation est bon pour les étudiants avancés qui souhaitent faire de telles expériences. Mais chacun peut méditer sans attendre ; c'est facile.

Il suffit de rester tranquillement assis ou allongé, de fermer les yeux et de prendre quelques respirations profondes. Le corps se détend automatiquement; nous n'avons rien à faire pour le forcer. Nous pouvons répéter les mots "guérison", "paix", "amour" ou tout autre terme qui nous parle. Nous pouvons même simplement dire : "Je m'aime." Nous pouvons demander en silence : "Qu'ai-je besoin de savoir ?" Ou bien : "Je désire apprendre." Puis, simplement, être là dans le silence.

Les réponses sont susceptibles de venir immédiatement ou un jour ou deux plus tard. Ne soyez pas pressé ; laissez simplement les choses se passer.

Souvenez-vous, il est dans la nature de l'esprit de penser ; vous ne vous débarrasserez jamais complètement des pensées bruyantes. Laissez-les vous traverser. Vous vous ferez sans doute la remarque : "Oh, maintenant j'ai des pensées de peur, des pensées de colère, des pensées de désastre", ou autre chose encore. Ne leur accordez pas d'importance ; laissez-les simplement passer comme de doux nuages dans un ciel d'été.

On dit que le fait de décroiser les jambes et les bras et d'avoir la colonne vertébrale la plus droite possible améliore la qualité de la méditation. Peut-être. Faites-le si vous le pouvez. Ce qui est réellement important est de méditer avec régularité. La pratique de la méditation est cumulative : plus elle est régulière, plus le corps et l'esprit répondent aux bénéfices de la relaxation et plus vite vous pourrez obtenir vos réponses.

Une autre méthode facile de relaxation consiste à compter simplement les respirations en restant assis tranquillement, les yeux fermés. Comptez un sur l'inspiration, deux sur l'expiration, trois sur l'inspiration suivante, etc. Comptez de un à dix. Une fois que vous avez expiré sur dix, recommencez à un. Si votre esprit s'égare et que vous vous retrouvez en train de compter jusqu'à dix-huit ou trente, revenez simplement à un. Si vous remarquez que vous vous tourmentez à propos de votre docteur, de votre problème ou de votre liste de commissions, revenez simplement à un.

Vous ne pouvez pas méditer de manière incorrecte. Quelle que soit la manière dont vous faites vos premiers essais, elle est parfaite pour vous. Vous pouvez aussi trouver des livres qui vous enseigneront diverses méthodes. Vous pouvez suivre un cours qui vous permettra de méditer avec d'autres. Toutes les manières de commencer sont bonnes. Et si possible, faites que la méditation devienne une habitude.

Si ce domaine est totalement nouveau pour vous, je vous suggère de ne pas méditer pendant plus de cinq minutes de suite au début. Ceux qui consacrent à la méditation d'emblée vingt ou trente minutes se lassent vite et finissent par abandonner complètement. Cinq minutes une ou deux fois par jour constituent un bon début. Si vous pouvez pratiquer chaque fois à peu près à la même heure, le corps se met à attendre régulièrement ce moment. La méditation vous procure de petites périodes de repos qui sont très favorables pour la guérison de vos émotions et de votre corps.

Vous voyez, nous avons tous une sagesse fantastique en nous. En nous sont toutes les réponses à toutes les questions que nous pouvons nous poser. Malheureusement, la plupart du temps, nous sommes tellement occupés à courir pour créer ce drame et mélodrame que nous appelons "notre vie" que nous n'entendons même pas notre propre sagesse. La méditation crée un espace dans lequel nous pouvons nous calmer et écouter notre moi intérieur. Vous n'avez pas idée de votre sagesse. Vous pouvez prendre soin de vous. Vous avez les réponses qu'il vous faut. Etablissez la connexion. Vous vous sentirez plus en sécurité et aurez davantage de pouvoir.

La visualisation

Nous faisons des visualisations en permanence; c'est la même chose qu'imaginer. Nous nous représentons ou imaginons des événements passés ou d'autres que nous souhaitons ou craignons de voir arriver dans le futur. Tout le monde peut visualiser ou imaginer. Si vous ne le croyez pas, fermez les yeux et décrivez votre salle de bain. Vous en êtes évidemment capable : c'est de la visualisation.

Quand nous parlons de "faire une visualisation", nous entendons créer ou décrire l'image mentale positive d'un événement que nous souhaitons voir survenir. Nous pouvons tous le faire et cela réussit.

Des livres entiers ont été écrits sur la visualisation et ses bienfaits en matière de guérison. Le docteur Carl

Simonton et Shakti Gawain basent la plus grande partie de leur travail sur ces méthodes. Allez dans une bibliothèque et lisez tout ce que vous trouverez sur le sujet. Le corps, qui est par nature une accumulation d'effets, doit suivre l'esprit, forme causale de tels effets. Lorsque nous changeons nos images mentales, des changements physiques doivent survenir. Ils peuvent être positifs ou négatifs, selon la manière dont nous pensons ou imaginons, et concerneront nos expériences et notre corps.

Il existe de nombreuses images et visualisations que nous pouvons utiliser pour nous relier mentalement avec notre corps. Il est souvent préférable d'employer des images faisant appel à l'enfant en nous. Il n'est pas nécessaire de savoir techniquement à quoi ressemble une partie du corps donnée, ni comment elle agit. Une image visuelle est bonne. Quand j'avais le cancer, j'ai utilisé une image d'eau claire et fraîche traversant mon corps, lavant et entraînant les déchets. Votre système immunitaire peut être une armée qui vous protège, une équipe de nettoyage, des jardiniers arrachant des mauvaises herbes, ou toute autre image qui vous plaît.

Une visualisation positive comprend trois parties :

1. une image du problème, de la douleur ou de la maladie, ou bien de la zone malade du corps,
2. une image de la force positive éliminant ce problème,
3. une image du corps reconstruit, jouissant d'une santé parfaite, allant dans la vie avec aisance et énergie.

Lorsque vous avez un problème physique, il est préférable de créer une visualisation qui ait un sens pour vous. Prenez chaque jour quelques minutes pour rester assis tranquillement. Détendez-vous avec quelques respirations profondes. Trouvez un peu de paix. Passez peut-être de la musique douce. Vous pouvez enregistrer votre visualisation sur bande magnétique ou vous la dire simplement dans votre tête. Quand vous avez fini, vous vous donnez quelques instants pour assimiler cette expérience positive. Les cellules de votre corps vont répondre à vos images mentales. La répétition de la visualisation en renforce les effets. Ne vous faites pas de souci si vous ne parvenez pas à visualiser. Pensez-y simplement. Cela aura de toute façon des résultats.

Les meilleures visualisations viennent de vous-même. N'ayez pas peur de développer vos propres instruments de guérison. Certains imaginent une immense gomme effaçant la tumeur. D'autres visualisent un aspirateur avalant les virus. Faites ce qui vous correspond le mieux. Vous saurez toujours exactement ce dont vous avez besoin.

Souvenez-vous, vous avez une imagination merveilleuse; mettez-la en œuvre d'une façon positive pour contribuer à votre guérison. Ne perdez pas votre temps à imaginer le plus mauvais scénario quand vous pouvez employer la même énergie pour créer un point de vue positif, qui à son tour contribuera à vous amener des changements miraculeux.

Les affirmations

Comme pour les visualisations, nous faisons à longueur de temps des affirmations. Ce sont les mots et les phrases que nous pensons et disons sans cesse. Nous faisons des affirmations du matin au soir. Quelle est la dernière chose que vous vous soyez dite juste avant d'aller vous coucher la nuit dernière ? C'était une affirmation, qui a contribué à la qualité de votre sommeil et de vos rêves. Quelle est la première chose que vous vous soyez dite ce matin à votre réveil ? C'était aussi une affirmation et c'est elle qui a débuté votre journée. Les affirmations négatives sont en général beaucoup plus nombreuses que les positives à nous traverser l'esprit.

Quand nous parlons de "faire des affirmations", nous voulons dire créer des déclarations nettes et claires pour réaliser les changements positifs que nous désirons dans notre vie. Bien sûr, les affirmations ne correspondent pas à la réalité lorsque vous commencez à les dire. Si c'était le cas, vous ne feriez pas une affirmation pour créer cette réalité. Une affirmation est comme une graine plantée dans le sol ; il lui faut du temps pour pousser jusqu'à son plein potentiel. La répétition fait passer l'affirmation du stade de graine à celui de fleur pleinement épanouie. N'entravez pas un processus qui est dans votre intérêt en disant : "Oh, j'ai fait cette affirmation trois fois et cela ne marche pas." Donnez-vous du temps pour créer une nouvelle situation. L'important est de se mettre à l'ouvrage et de persévérer.

Chacune de nos pensées, chacune de nos paroles, est une affirmation. Beaucoup trop souvent, elles sont négatives et nous ne sommes pas conscients qu'elles donnent forme à nos expériences futures. Mais lorsque nous parlons de "faire des affirmations", nous voulons dire créer des phrases spécifiques pour amener quelque chose de nouveau dans notre vie ou pour en éliminer quelque chose que nous ne voulons plus. La façon dont nous procédons est importante. Si j'ai un travail qui ne me plaît pas et que je veux en trouver un nouveau, je ne peux pas utiliser l'affirmation "Je déteste ce travail" et m'attendre à ce que quelque chose de bien en sorte. "Je déteste ce travail" est une affirmation négative qui ne fera que me laisser coincé là où je dis ne plus vouloir être. "Je déteste ce travail" ne me conduira pas vers un nouveau travail merveilleux.

Si vous partez avec de la colère et de la haine en vous, vous créerez de la colère et de la haine dans le nouvel endroit, car votre subconscient croit que c'est ce que vous voulez. Cela est vrai pour le travail, pour les relations et pour le corps. Si vous haïssez votre corps, ce sera plus difficile de lui apporter une guérison durable.

La manière positive de trouver un nouveau travail qui vous convienne serait de dire par exemple :

"Je bénis ce travail avec amour et je le laisse maintenant à quelqu'un qui sera heureux de l'avoir et le fera même mieux que moi. Je m'ouvre maintenant à un nouveau travail merveilleux qui comble ma créativité, dans un bel endroit, avec des gens avec qui je m'entends et un bon revenu. Quelqu'un cherche exactement ce que j'ai à offrir. Nous sommes amenés maintenant à nous rencontrer de la manière la plus agréable. Je remercie qu'il en soit ainsi."

Quelquefois, ce sont les phrases d'affirmation courtes qui sont les plus efficaces, car elles peuvent être répétées sans cesse. "J'accepte maintenant un nouveau travail merveilleux", répété tout au long de la journée, vous mettra en harmonie avec de nouvelles possibilités. J'aime chanter mes affirmations, en faire une musique que je joue en arrière-plan dans mon esprit. Certaines personnes les écrivent dix, trente ou une centaine de fois. Quelle que soit la méthode que vous utilisiez, elle réussira, si vous laissez ces affirmations remplacer vos pensées négatives sur tel ou tel sujet.

"Je suis désireux de pardonner" est une fantastique affirmation. Nous avons tous beaucoup de travail de pardon à faire, mais la plupart d'entre nous n'en ont même pas le désir. Dire que nous sommes "désireux" de pardonner nous ouvre le chemin pour abandonner une grande partie de notre passé.

Si nous avons peur, nous pouvons commencer par répéter "Je m'autorise à être en paix." Cette affirmation indique à votre subconscient que vous savez ce que vous faites et que vous voulez créer une nouvelle atmosphère. "Je n'ai pas peur" ne serait pas une affirmation positive à utiliser dans une telle situation. Vous avez déjà peur et cette affirmation ne met rien de positif à la place. Une affirmation doit toujours remplacer le négatif par du positif. Vous arrachez la mauvaise herbe et plantez la nouvelle fleur en même temps.

Si nous avons du ressentiment, nous pouvons commencer par affirmer : "Je suis désireux de dépasser cette expérience." Nous donnons alors à notre subconscient (ou à notre moi intérieur ou à l'univers, comme il vous plaira de l'appeler) la permission de trouver un moyen nouveau pour dépasser l'expérience ancienne.

Quand nous travaillons à restaurer une bonne santé, nous pouvons employer des affirmations comme celles-ci :

"Je suis en paix avec mon corps."

"J'accepte d'avoir une santé parfaite."

"J'aime mon corps et lui permets de guérir."

"Je suis fort et ai une bonne immunité."

"Je suis sans peur face à toutes les situations négatives."

"Mon esprit est parfait, sain et complet."

"Mon corps reflète la perfection de l'Esprit."

"Mes cheveux sont abondants et forts, ils poussent sur un crâne sain et détendu."

"La nourriture que je choisis est de haute qualité et nutritive pour mon corps."

"J'élimine tous les déchets de mon corps avec une aisance et une régularité parfaites."

"Mes glandes sont les parfaites gardiennes de mon organisme."

Le but des affirmations est de nous libérer et de créer une vie meilleure. Elles ne sont ni une punition ni une corvée. Faites vos affirmations avec joie et enthousiasme; elles agiront plus vite. Par-dessus tout, faites-les. Soyez conscient de vos paroles et de vos expressions, car elles aussi sont vos affirmations.

La prière

La puissance de la prière est utilisée depuis toujours. Pour certains, il est naturel de se tourner vers la prière dans les moments de besoin.

Je suggère que, quand vous priez, vous le fassiez d'une manière positive. Implorer un vieillard grincheux dans le ciel ne donnera pas de bons résultats. Sentez votre unité avec l'univers et avec tout ce qui est avant de commencer à exprimer vos désirs. Imaginez-vous être dans une relation de partenaire avec Dieu et ensemble vous trouverez la solution.

TRAITEMENT

Aujourd'hui est une autre journée précieuse sur terre. Nous allons la vivre dans la joie. Aujourd'hui je suis une nouvelle personne. Je me détends et libère mes pensées de toute sensation de tension. Aucun être, endroit ou chose ne peut m'irriter ou m'ennuyer. Je suis en paix. Je suis une personne libre vivant dans un monde qui est un reflet de mon amour et de ma compréhension.

Je ne suis contre rien. Je suis pour tout ce qui améliorera la qualité de ma vie. J'utilise mes paroles et mes pensées comme outils pour donner forme à mon futur.

J'exprime souvent de la gratitude et des remerciements et recherche des raisons d'être reconnaissant. Ma vie est pleine de reconnaissance. Nous sommes un avec le pouvoir qui nous a créés.

Nous sommes en sécurité et tout est bien dans notre monde !

12

Guérir la famille

Affirmation :
Nous appartenons tous à la famille de l'amour !

Je crois que, tout comme les enfants choisissent leurs parents, les parents choisissent leurs enfants. Les enfants sont de grands enseignants et de grands pourvoyeurs de dons. Vie après vie, nous revenons approfondir notre éducation et notre croissance spirituelle. Nous interagissons avec les mêmes âmes, encore et encore. Nous travaillons chaque fois sur un autre aspect de notre croissance. Si nous laissons quelque chose d'inachevé dans une vie, nous tenterons de l'achever dans une autre.

Il y a donc des questions intéressantes à se poser : quels choix avons-nous faits avant cette incarnation présente ? Pourquoi tel enfant choisit-il ces parents-là ? Pourquoi ces parents-là choisissent-ils, à un niveau cosmique, de faire l'expérience de cet enfant ? Quelle leçon sont-ils tous venus apprendre ?

Que faire de la culpabilité que nous connaissons lorsque nous rejetons un enfant parce qu'il n'est pas “exactement comme nous” ou a une maladie qui nous fait peur ? Pourquoi fermons-nous nos cœurs ? Quelles sont les conséquences pour ceux qui sont rejetés et pour ceux qui rejettent ? Quels seront leurs schémas et leurs leçons dans leur prochaine vie ?

Il est facile de rejeter ce qui nous fait peur. Nous fuyons souvent les leçons que nous devons apprendre, même si, à un niveau profond, nous savons que nous y serons de nouveau confrontés plus tard dans la vie. Nous en avons conscience, mais nous nous le cachons avec des questions comme : “Que penseront les voisins ?” “Me rejetteront-ils si je proclame mon amour pour mon enfant qui est différent ?” “Est-ce que j'accorde davantage de valeur aux apparences extérieures qu'à ceux que j'aime ?” “Où sont mes priorités ? Par rapport à qui sont-elles ?”

Il n'y a pas de bonnes et de mauvaises réponses à ces questions. C'est un chemin propre à chacun. Certains d'entre nous sont venus ici pour expérimenter le rejet, la douleur, la solitude ou la maladie, qui ne sont que des opportunités de choisir à nouveau l'amour et d'avancer spirituellement. Je ne crois pas que nous devions rester bloqués dans l'un de nos choix négatifs. Nous sommes capables de suivre les messages de notre cœur et de transcender toutes les expériences négatives qui peuvent en résulter.

La maladie est un don

Si vous êtes proche de malades, sachez que c'est un don qui vous a été fait. C'est pour vous une occasion d'expérimenter votre capacité à donner de l'amour, à dépasser les apparences, à aller au-delà de ce que vous voyez dans le corps et à exprimer le vaste amour que vous êtes capable de donner. Les familles qui ouvrent leur cœur et leurs bras à leurs enfants vivent de grandes guérisons.

La chose la plus importante que vous puissiez faire pour vos enfants, quel que soit leur âge, est de les aimer inconditionnellement. Gardez ouverte la communication de sorte qu'ils puissent tout vous dire sans craindre votre désapprobation. Oui, ils sont différents de vous et vous êtes différents d'eux. Vous pouvez quand même vous aimer les uns les autres et sortir grandis de toutes vos expériences.

Quand j'entends des parents se plaindre que leurs enfants sont maintenant adultes et ne leur téléphonent plus jamais, je me demande à quel moment ils ont coupé les lignes de communication. Un enfant ne peut pas entendre trop souvent "ne dis pas cela", "ne pense pas cela", "ne fais pas cela", "ne sois pas comme cela", sans se retirer pour se garder une vie secrète et privée. Quand nous ne sommes pas compris pour ce que nous sommes, nous cessons de communiquer. Trop de familles ont limité leurs conversations à la nourriture et au temps qu'il fait. Les autres sujets soulèvent la désapprobation. Ce n'est pas là l'expérience de l'amour et de la joie.

TRAITEMENT

Aujourd'hui est une autre journée précieuse sur terre. Nous allons la vivre dans la joie. Je m'entoure, ainsi que mes amis, ma famille et ma maison, d'harmonie et d'amour. Je laisse aller tout idée blessante, même si elle vient de ceux que j'aime. Je dépasse leurs limitations pour aller vers un nouveau sens de ma liberté. Je ne leur impose plus mes anciennes limitations et ils sont libres d'être eux-mêmes. Je leur donne ce que je souhaite recevoir.

L'amour et l'acceptation coulent librement entre moi et tous ceux que je connais. Nous sommes un avec le pouvoir qui nous a créés.

Nous sommes en sécurité et tout est bien dans notre univers !

13

Choisir nos parents

Affirmation :
Je fais mes choix avec ma sagesse intérieure et avec amour !

Comprendre nos choix

Je crois que nous choisissons nos parents. Chacun de nous décide de s'incarner sur cette planète à un point particulier de l'espace et du temps. Nous avons choisi de venir ici pour apprendre une certaine leçon qui nous fera avancer sur notre chemin d'évolution spirituelle. Nous choisissons notre sexe, notre couleur, notre pays, puis nous cherchons la combinaison de parents qui reflétera le schéma sur lequel nous venons travailler dans cette vie. Nous avons choisi ces parents parce qu'ils étaient parfaits pour nous. Ils forment le couple parfait, “expert” dans ce que nous avons choisi d'apprendre. Les leçons pour lesquelles nous sommes là semblent parfaitement correspondre aux “faiblesses” de nos parents.

Oui, vous avez choisi les bons parents, sinon vous ne seriez pas là maintenant. Si vous vous étiez réellement trompés dans ce choix, vous auriez quitté la planète très tôt. Je pense que c'est la raison pour laquelle il y a des enfants morts-nés et des morts au berceau : ce sont des moyens faciles de quitter la planète. Soit l'entité est venue trop tôt pour les leçons qu'elle avait à apprendre, soit elle s'est trompée dans le choix de ses parents.

Nous acquérons notre système de croyance lorsque nous sommes petits et traversons ensuite la vie en créant des expériences qui correspondent à nos croyances. Regardez en arrière dans votre propre vie et notez combien de fois vous avez vécu la même expérience. Je crois que vous avez créé sans cesse ces expériences-là parce qu'elles reflétaient quelque chose que vous croyiez sur vous-même. Peu importe l'ancienneté de notre problème, son importance ou la manière dont la vie nous a traités. Sachez que tout élément négatif ayant existé dans le passé peut être changé maintenant.

Avant de venir sur cette planète, nous choisissons une leçon sur laquelle travailler. Nous savons ce sur quoi nous voulons travailler cette fois-ci. Quelle que soit la manière dont nous l'abordons, le sujet, en réalité, est l'amour : dans quelle mesure nous pouvons nous aimer nous-mêmes, en dépit de tout ce que nous avons pu créer d'autre que l'amour dans notre vie. Je pense qu'avant de venir ici, la première chose que nous choisissons - après notre leçon - est notre sexualité. Quelle sexualité allons-nous avoir cette fois-ci ? Allons-nous être une femme, avec une certaine somme d'expériences, ou un homme, avec d'autres expériences ? Allons-nous choisir d'être hétérosexuels, ce qui amène un certain lot d'expériences, ou homosexuels, ce qui amène un lot d'expériences totalement différentes ?

Que voulons-nous expérimenter ? Ensuite, je pense que nous choisissons notre couleur. De quelle couleur vais-je être cette fois-ci ? Là encore, les expériences seront autres. Nous décidons aussi où nous allons naître sur la planète. Le lieu que nous choisissons apportera également des expériences différentes : si nous naissons en Afrique, les conditions seront totalement différentes que si nous naissons à Liverpool, en Australie, en Alaska ou à Los Angeles. Ce sont des circonstances tout à fait différentes, des problèmes différents à traiter.

Et une fois que nous avons tout cela, nous cherchons très soigneusement le couple de parents convenant parfaitement pour refléter les capacités sur lesquelles nous sommes venus travailler. Je sais que la plupart d'entre nous, en grandissant, regardent leurs parents et disent : "Oh, vous m'avez fait cela ! C'est de votre faute." Mais je pense que nous les avons choisis parce qu'ils sont parfaits pour nous. Tout comme ils nous ont choisis.

Dans quelle mesure voulons-nous aimer ? Dans quelle mesure voulons-nous rester fidèles à notre nature ? Et aimer et apprécier qui nous sommes ? Tous nos problèmes sont les outils de notre croissance spirituelle. Les préjugés sont ridicules. Nos expériences ne sont ni bonnes ni mauvaises. Nous les avons choisies avec notre âme.

Nous nous mettons très souvent en colère quand on nous dit que nous avons choisi nos parents. Moi ? Je n'aurais pas choisi ces gens-là comme parents ! Je sais, je suis passée par là aussi. Mais je pense que, si vous vous étiez trompé à propos de vos parents, vous seriez parti très vite. Certainement avant la fin de votre première année, peut-être en quelques heures. Si vous êtes là aujourd'hui, là où vous êtes, c'est que vous avez le couple parfait de parents pour cette vie. Quelles que soient les domaines sur lesquels vous devez travailler avec eux, ce sont les points sur lesquels vous vouliez travailler.

Rentrer dans sa famille pour les vacances

Dans mon expérience, les vacances ont toujours été une période très occupée pour moi. D'anciennes souffrances de l'enfance remontaient à la surface. Peur de - ou résistance à - revoir la maison de mes parents. Peur de ne pas prendre de "bon" temps ou de rester seule. Quand on est malade, ces peurs sont amplifiées. Les anciennes vacances heureuses peuvent se transformer en une période de souffrance et de solitude. Je m'assure d'avoir du temps pour visiter les hôpitaux pendant les jours fériés et à Noël, car ces journées peuvent être particulièrement difficiles pour les malades.

Nous avons tous besoin d'amour et de soutien.

Vous améliorerez la qualité de vos séjours en famille si vous laissez vos proches être exactement ce qu'ils sont. Cessez d'essayer de les "changer". Vous n'aimez pas qu'ils veuillent vous changer, alors laissez-les tranquilles. Travaillez seulement à vous changer vous-même et à vous aimer. C'est un travail à plein temps. Si vous voulez réellement les changer, changez vous-même. Alors leur façon de réagir face à vous changera, car vous serez différent.

Nous voulons toujours que les membres de notre famille nous pardonnent et nous aiment tels que nous sommes maintenant. Trop souvent, nous ne sommes pas prêts à leur accorder le même amour et le même pardon. Si notre enfance a été douloureuse, il nous est difficile de pardonner. Nous limitons notre évolution en nous accrochant à notre passé. Nous restons bloqués dans le vécu de l'enfant de cinq ans au lieu de vivre dans le présent. Nous oublions que chacun fait toujours du mieux qu'il peut avec les connaissances, la compréhension et la conscience qu'il possède à un moment donné. Les individus qui se comportent mal sont des individus à qui l'on a appris à agir ainsi. Ils ne savent pas faire autrement. La colère, le ressentiment que l'on croit justifié ne les changeront pas. Ils sont aussi têtus que vous. L'amour et le pardon font des miracles.

L'affirmation : "Je suis désireux de te pardonner et je me libère" donne un autre regard sur la situation : lorsque vous leur pardonnez, VOUS ETES LIBRE. Ce type de travail mental intérieur guérit les ruptures familiales les plus tenaces. Essayez, vous n'avez rien à perdre ; et cela peut même vous réussir comme cela a été le cas pour de nombreuses autres personnes.

Le retour chez vous pour les vacances se passera mieux si vous n'avez aucune attente. Prenez simplement chaque moment comme il vient. Aimez-vous en présence de votre famille ; par exemple, répétez une affirmation dans l'esprit de celle-ci : "Je m'aime et je m'approuve", ou : "Je suis toujours en sécurité, tranquille et aimé, quoi qu'il se passe." Permettez aux autres membres d'exister aussi. S'ils passent parfois les bornes, aimez-vous suffisamment pour les quitter un moment. Ne vous attendez pas à ce que tout se passe exactement comme pendant votre enfance. C'est une époque différente. Prenez du temps pour vous reposer et vous "nourrir". Surtout si vous êtes malade, veillez à avoir l'alimentation dont votre corps a maintenant besoin, même si vous devez l'apporter. Votre santé est plus importante que leurs sentiments. Vous pouvez toujours dire : "Mon docteur veut que je mange ainsi." Ils respecteront généralement cette figure d'autorité.

Souvenez-vous, tous les problèmes que vous avez avec votre famille peuvent être en rapport avec un manque d'amour et de pardon. Quand nous n'apprécions pas quelque chose “qu'on nous a fait”, nous n'avons pas envie de pardonner à l'autre. Rentrer à la maison pour les vacances peut constituer pour vous un joyeux moment d'apprentissage de cette leçon. Quand nous pardonnons et aimons, seule la paix intérieure existe pour nous.

TRAITEMENT

Aujourd'hui est une autre journée précieuse sur terre. Nous allons la vivre dans la joie. J'ai choisi ces êtres qui sont mes parents il y a longtemps, parce que je savais combien ils seraient importants pour ma croissance spirituelle. Je sais aussi qu'ils m'ont choisi dans le même but. Nous travaillons du mieux que nous pouvons sur nos leçons - nous aimant les uns les autres autant que nous en sommes capables, à tout moment. Nous sommes un avec le pouvoir qui nous a créés.

Nous sommes en sécurité et tout est bien dans notre univers !

14

Notre sexualité

Affirmation :
Je suis en paix avec ma sexualité ;
elle est parfaite pour moi !

Quand la société décrète que nous sommes "bons" ou "mauvais" à cause de ce que nous sommes ou de notre façon de nous exprimer, il nous est difficile de survivre. Nous commençons à nous cacher ou à "devenir quelqu'un d'autre" pour plaire aux autres. Cette solution n'est jamais suivie de succès et, en outre, elle nous fait toujours du mal.

Quand les enfants grandissent, ils développent tous leur propre comportement sexuel divin, unique. Malheureusement, les sentiments sexuels normaux et naturels de certains sont méprisés et dépréciés. Par exemple, le plus souvent, leurs parents leur font savoir que l'homosexualité est totalement inacceptable, de sorte qu'ils commencent à cacher ce qu'ils sont. Leur sentiment de honte et de culpabilité grandit. Puis a lieu une séparation inévitable d'avec les parents, leur rendant difficile d'être ouverts et honnêtes avec leur famille.

Ce que la plupart des gens ne comprennent pas est que, dans le cas de l'homosexualité, il ne s'agit pas d'un choix de comportement. Il s'agit d'être. Si l'on disait à un hétérosexuel de devenir homosexuel pour se rendre acceptable, il trouverait cela impossible. Pourtant la société hétérosexuelle dit souvent qu'il est plus facile pour l'homosexuel de "simplement changer" ce qu'il est que de s'accepter lui et les hétérosexuels.

A cause de telles idées, il est devenu courant d'avoir des préjugés contre les homosexuels. Quand apprendrons-nous que le but de la vie est l'amour inconditionnel ? Aucun groupe n'est meilleur ou pire que d'autres. Nous sommes simplement là où nous sommes sur l'échelle de la croissance spirituelle. Les préjugés ne font que nous retarder dans cette évolution.

L'orientation sexuelle n'est qu'une chose temporaire, choisie pour cette vie-ci. Je crois que nous revenons sans cesse pour faire l'expérience de toutes les situations de vie. Nous sommes Noirs, Blancs et Jaunes, hétérosexuels et homosexuels, riches et pauvres, intelligents et ordinaires, beaux et laids, puissants et humbles.

Pour moi, les préjugés sont stupides. En effet, si vous ne vous êtes pas trouvé dans une certaine situation jusqu'à présent, vous vous y trouverez tôt ou tard - car toutes les situations sont des expériences d'apprentissage.

Culpabilité et sexualité

Nous n'avons aucune raison de nous sentir coupables, en particulier pas à propos de notre sexualité. Peu importe ce que les autres disent, peu importe leur niveau apparent d'autorité, peu importe de combien "ils" semblent vous juger inférieur, cela n'a rien à voir avec la réalité de votre être.

Juste un instant, essayez de visualiser l'immensité de l'univers. Elle est au-delà de notre compréhension. Même les scientifiques de haut niveau, avec l'équipement le plus récent, ne peuvent le mesurer. Au sein de cet univers, il y a des millions et des millions de galaxies. Dans un coin perdu de l'une des plus petites galaxies, il y a un soleil mineur. Autour de ce soleil tournent quelques petits points ; l'un d'entre eux est appelé planète Terre.

Je trouve difficile de croire que la vaste et incroyable intelligence qui a créé cet univers tout entier n'est qu'un vieil homme assis sur un nuage au-dessus de la planète Terre, et que ce vieil homme est occupé à regarder mes organes génitaux !

Pourtant, un très grand nombre d'entre nous ont connu ce concept quand ils étaient enfants. Il est vital que nous abandonnions des idées stupides, démodées, limitées, qui ne sont pour nous ni un soutien ni une nourriture. Je ressens fortement que même notre concept de Dieu doit être *pour* nous et non pas *contre* nous. Il existe tellement de religions différentes parmi lesquelles choisir ! Si la vôtre vous dit que vous n'êtes qu'un pécheur et un misérable ver de terre, vous pouvez en choisir une autre. Il y en a tellement ! Si aucune des religions courantes ne vous convient, créez-en une nouvelle. Souvenez-vous, toutes les formes de religion que nous connaissons ont été créées par des êtres insatisfaits des formes existantes. Ils avaient leurs propres idées sur Dieu et l'univers et étaient capables de rassembler des personnes en accord avec eux et leurs idées.

Comprendre la sexualité

Il n'est pas suffisant d'apprendre aux enfants à l'école les mécanismes de la sexualité. A un niveau beaucoup plus profond, il faut leur rappeler que leur corps, leurs organes génitaux et leur sexualité sont des choses auxquelles ils peuvent prendre plaisir. Je crois sincèrement que les gens qui s'aiment et aiment leur corps ne commettront pas d'excès vis-à-vis d'eux-mêmes ni des autres.

La révolution sexuelle et le mouvement de libération des femmes ont amené beaucoup de changements. Les sexes se rapprochent. Nous nous apercevons que la plupart des différences sont des règles sociales et culturelles plutôt que physiques ou mentales. En ce moment, sur la planète, de plus en plus de femmes font l'expérience de rôles et d'emplois traditionnellement masculins. De nombreux hommes ont ainsi l'occasion d'expérimenter ce que nous considérons habituellement comme des rôles et des emplois féminins.

Je ne prône pas le sexe libre à tout moment. Je dis que certaines de nos règles n'ont aucun sens et que c'est la raison pour laquelle tant de gens les enfreignent et deviennent hypocrites.

Si nous délivrons les gens de leur culpabilité sexuelle et leur enseignons à s'aimer et se respecter, automatiquement ils se traiteront et traiteront les autres d'une manière qui ira dans le sens de leur plus grand bien et leur plus grande joie. La raison pour laquelle nous avons actuellement tant de problèmes avec notre sexualité est que beaucoup d'entre nous éprouvent de la haine et du dégoût pour eux-mêmes ; c'est ainsi que nous nous traitons mal et traitons mal les autres.

Je n'essaie en aucune façon de créer une culpabilité supplémentaire pour qui que ce soit. Cependant, il nous faut regarder ce qui doit être changé pour que nos vies se déroulent dans l'amour, la joie et le respect.

La sexualité sans risque

Je trouve la question de la sexualité sans risque très intéressante. Les femmes en ont eu toute la responsabilité pendant des centaines d'années. Si elles ne la pratiquaient pas, elles étaient ouvertes aux maladies infectieuses courantes et à la possibilité de tomber enceintes. Actuellement, pour la première fois, les hommes, en particulier les homosexuels, commencent à comprendre ce qu'est cette expérience frustrante, ce qui amène de grandes protestations et lamentations. Quand le corps est dans l'ardeur de la passion, il ne veut pas écouter l'esprit qui lui donne de prudentes instructions de sécurité, comme "pas maintenant" ou "pas comme cela".

Un soir, l'un des hommes posa une question au groupe que j'animais : "Que dites-vous à quelqu'un qui refuse de mettre un préservatif ?" A son travail, il posa la même question aux femmes, sachant qu'elles avaient été confrontées de nombreuses fois à ce problème. La réponse est toujours liée à votre niveau d'estime de vous-même. Si votre amour et votre estime de vous-même sont élevés, vous refuserez d'avoir des rapports qui ne soient pas sûrs. Si vous ne pensez pas beaucoup de bien de vous-même, vous laisserez probablement "aller" en espérant qu'il n'y aura pas de problème. Dans quelle mesure vous aimez-vous ? Dans quelle mesure permettez-vous qu'on abuse de vous ? Vous le permettez de moins en moins, au fur et à mesure que votre amour de vous-même grandit.

Maintenant, il semble qu'il est temps pour les hommes de commencer à comprendre ce que les femmes ont dû faire au niveau sexuel pendant des siècles. Les hommes hétérosexuels se plaignirent et hurlèrent lorsque le mouvement de libération des femmes se mit à leur demander d'expérimenter les rôles et les emplois traditionnellement féminins. Ils ne voulaient pas aller si loin.

Le tantra, pratiqué en Inde depuis des générations, est une forme de sexualité où l'esprit est davantage concerné. Les pratiques sexuelles, au lieu de n'être qu'une passion sauvage incontrôlable, sont canalisées dans des rituels bien définis. Ceux qui pratiquent la sexualité tantrique disent qu'elle est bien supérieure à toutes les autres expériences sexuelles, l'acte sexuel lui-même pouvant durer plusieurs heures. Peut-être allons-nous apprendre une manière plus consciente de vivre la sexualité.

La sexualité sans risque oblige les gens à être plus créatifs sexuellement.

Traditionnellement, les hommes ont toujours eu plus de partenaires sexuels que les femmes. Certains hommes aiment avoir beaucoup de partenaires pour satisfaire leur besoin profond d'estime d'eux-mêmes plutôt que pour la joie qu'ils en retirent. Je ne crois pas qu'il y ait quelque chose de mal à avoir plusieurs partenaires et l'utilisation "occasionnelle" d'alcool et de drogues récréatives peut être admise. Cependant, si nous nous "éclatons" toutes les nuits et "avons besoin" de plusieurs partenaires en un jour juste pour nous prouver notre propre valeur, c'est que nous ne sommes pas "nourris" comme nous le devrions. Nous avons besoin de réaliser quelques changements mentaux.

Le vieillissement

Dans la société hétérosexuelle, beaucoup de femmes redoutent de vieillir, en raison du système de croyances que nous avons créé autour de la gloire de la jeunesse. Pour les hommes, ce n'est pas aussi difficile car, avec quelques cheveux gris, ils prennent une allure distinguée. L'homme âgé suscite souvent le respect et peut même être considéré.

Nous avons établi des règles complètement stupides au sujet du vieillissement. Nous avons presque fait de vieillir un crime. Nous traitons nos aînés de manière honteuse, sans nous rendre compte qu'on nous fera ce que nous leur faisons. Pas étonnant que nous regardions avec peur la première ride ou le premier cheveu gris, les considérant comme le début de la fin. Pendant un moment, certains jeunes avaient même décrété que l'on était hors de course à trente ans. Puis ils eurent trente ans à leur tour et changèrent d'avis. Nous vieillissons tous chaque jour. Nous devons vivre chaque âge. Aucun n'est mieux que l'autre ; ils sont simplement différents. Chacun a ses propres valeurs.

Si nous avons peur de vieillir, nous disons en fait : "Je ne vaux rien ; seul mon corps a de l'importance." Le corps change ; regardez les différents corps que vous avez eus depuis l'enfance. Notre esprit, notre essence, continue de vie en vie. Nous n'avons pas nécessairement besoin d'adhérer à ce qui est couramment admis sur le plan culturel. Nous pouvons savoir qui nous sommes réellement. Non pas "ce qu'ils disent que nous sommes". Nous seuls pouvons donner un sens à notre identité. Nous sommes qui nous acceptons d'être. Qu'acceptez-vous pour vous-même ?

Avoir peur de vieillir ne fait qu'accélérer le processus de vieillissement. Lorsque nous rejetons une part de nous-mêmes, nous accroissons notre haine de nous-mêmes. Nous devrions simplement nous apprécier à tout âge, apprendre ce que nous pouvons sur les moyens d'être en bonne santé et prendre du plaisir dans le moment présent. Et bien sûr, traiter les personnes âgées comme nous voulons être traités quand nous en ferons partie.

Les schémas négatifs de comportement sexuel

Certains types d'attitudes et schémas de comportement ne peuvent que créer de la culpabilité à un niveau très profond. S'ils ont de l'agrément, ils risquent toutefois de devenir extrêmement destructeurs et de constituer des façons d'éviter la proximité et l'intimité.

Il me semble, par exemple, que les pratiques sadomasochistes sont moins liées à la sexualité qu'à la colère contre les parents, en particulier contre le père.

J'ai remarqué que, lorsque les gens s'aiment davantage, ils s'éloignent de ces pratiques, qui sont dégradantes pour les deux parties. Si nous nous aimons réellement, nous ne pouvons ni nous blesser ni blesser une autre personne.

TRAITEMENT

Aujourd'hui est une autre journée précieuse sur terre. Nous allons la vivre dans la joie. Mon âme n'a pas de sexualité ; pourtant, j'ai déjà expérimenté maintes fois les différentes possibilités sexuelles existant sur ce plan terrestre. Le choix sexuel que j'ai fait pour cette vie est parfait pour mon évolution. Je prends plaisir à ma sexualité, qui est parfaite pour moi. Je suis en paix avec qui je suis sexuellement, physiquement, mentalement et spirituellement. Nous sommes un avec le pouvoir qui nous a créés.

Nous sommes en sécurité et tout est bien dans notre monde !

15

Aimer les autres, s'aimer soi-même

Affirmation :
Je vis dans l'amour et l'harmonie
avec tout le monde !

Les relations

Chaque fois que je pense aux relations, je reviens invariablement sur un point particulier : c'est toujours le même concept de s'aimer soi-même. Si vous ne vous aimez pas, vous ne pouvez pas apprécier une bonne relation, même si vous l'amenez dans votre vie, parce que cela vous rend trop nerveux. Vous vous faites tellement de souci à propos de ce qu'il ou elle fait : est-ce qu'il m'aime vraiment ? Est-ce qu'il se soucie réellement de moi ? Où est-il ? Pourquoi n'appelle-t-il pas ? Sera-t-il de retour à l'heure ? Avec qui est-il ?

Nous nous créons toutes sortes de tourments quand nous n'aimons pas qui nous sommes. Si nous avons une relation avec quelqu'un qui ne s'aime pas, il est impossible de lui plaire réellement. Nous ne pouvons être assez bien pour quelqu'un qui ne s'aime pas. Trop souvent, nous nous épuisons à essayer d'en faire assez pour un partenaire qui ne sait comment l'accepter, parce qu'il n'aime pas qui il est.

Quand nous parlons de jalousie, nous parlons de quelqu'un qui ne s'aime pas. Comme il n'aime pas qui il est, il ne s'accorde aucune valeur ; il est tellement dans l'insécurité qu'il est jaloux. Voilà tout ce qu'est la jalousie : de l'insécurité. Elle dit : "Je ne suis pas assez bien, je ne suis pas digne d'être aimé, alors pourquoi m'aimerais-tu ? Je sais que tu sors et fais certaines choses." C'est parce que nous n'accordons pas assez d'attention à qui nous sommes. Si nous agissons ainsi dans nos relations personnelles, nous en ferons probablement autant dans notre travail.

Les relations sur le lieu de travail

Si nous n'accordons pas assez d'attention à qui nous sommes, nous ne pouvons avoir de bonnes relations au travail ; nous devenons soupçonneux et jaloux, ou bien vindicatifs. Notre petit coin ou notre petit secteur devient très important pour nous parce que nous craignons beaucoup que les autres ne viennent nous prendre quelque chose. Nous oublions qu'il y a tout ce qu'il faut pour tout le monde.

Quand nous nous aimons nous-mêmes, nous pouvons rester centrés, calmes et tranquilles ; nos relations au travail sont alors merveilleuses. Si vous travaillez, pensez aux personnes qui, dans votre bureau, ne s'entendent pas avec les autres. Quelle en est la raison ? Elles n'accordent pas d'attention à qui elles sont. Cela ne veut pas dire qu'elles soient mauvaises ; si vous n'aimez pas qui vous êtes, cela ne signifie pas que vous êtes mauvais, mais que vous avez quelques vieilles idées fausses. Vous avez pris quelque part l'idée que vous n'étiez pas assez bien. Et quand vous n'êtes pas assez bien, quelle est la chose que vous désirez le plus dans la vie ? L'amour et l'approbation.

Si vous n'êtes pas assez bien, votre croyance va être “personne ne m'aime”, “je ne suis pas digne d'amour” ou “je ne suis pas digne d'aimer”. Quand vous n'êtes pas digne d'aimer, la vie est misérable. Vous en avez donc gros sur le cœur ; vous devenez insolent ou sarcastique. Vous vous mettez en colère et avez des comportements tels que les autres fuient votre compagnie. Alors, vous dites : “Vous voyez, je le savais. Personne ne m'aime.”

Savoir quand abandonner une relation

Que se passe-t-il quand nous avons une relation et que notre moi intérieur sait qu'elle est vouée à l'échec ? Laissons-nous la relation détruire notre potentiel individuel ?

Quand nous n'aimons pas qui nous sommes, nous risquons de rester beaucoup trop longtemps dans une relation. Nous nous laisserons maltraiter, démolir. En agissant ainsi, ce que nous disons est toujours : “Je ne suis pas digne d'être aimé ; il faut donc que je reste là et que j'accepte ce comportement, parce je sais que personne d'autre ne voudra de moi.” Mais où est ce concept ? Il est à l'intérieur de nous. Il n'est pas à l'extérieur ; il est en nous. Si nous changeons ce que nous croyons sur nous-mêmes, nous sommes traités différemment. Je ne vois vraiment aucun problème relationnel ou domaine de relation qui ne soit totalement lié à la façon dont nous nous percevons. Toujours. Voulons-nous nous aimer ?

Si nous ne le voulons pas, quelle est la croyance qui s'y oppose ? Que croyez-vous sur vous-même qui vous empêche de vous aimer ? Nous ne pouvons pas guérir et être en bonne santé, nous ne pouvons pas vivre heureux et en paix si nous n'aimons pas qui nous sommes.

TRAITEMENT

Aujourd'hui est une autre journée précieuse sur terre. Nous allons la vivre dans la joie. Je participe à la symphonie de la vie. Je m'unis à l'harmonie, mon esprit est centré sur la paix. Je suis en harmonie avec toute la vie. Tous, nous marchons sur la même terre, respirons le même air et utilisons la même eau. L'harmonie que je crée pour moi, je la rayonne autour de moi vers tous ceux avec lesquels j'entre en contact. J'apporte la paix, l'amour et l'harmonie à mon univers qui évolue sans cesse. Nous sommes un avec le pouvoir qui nous a créés.

Nous sommes en sécurité et tout est bien dans notre monde !

Troisième partie

Trouver de l'aide

16

Les médecins : leur rôle dans notre processus de guérison

Affirmation :
Dieu travaille également
au travers de la profession médicale !

Lorsque nous sommes atteints d'une maladie grave, les médecins occupent en général une place essentielle dans notre vie. Notre relation avec eux est importante pour notre processus de guérison. Nombre d'entre eux ont peur des maladies graves, parce qu'ils savent très peu de choses à leur sujet. Confrontés à l'une d'entre elles, ils ont tendance à condamner automatiquement à mort leurs patients.

Il nous faut savoir que nous ne sonmes pas soumis aux limitations et aux sombres prédictions habituelles de la profession médicale. Nous ne sommes pas des statistiques. Nous sommes des expressions individuelles, uniques, de la vie. Nous sommes gouvernés par la loi de notre propre conscience et non par celle des autorités médicales. "Cela est peut-être vrai pour vous, mais pas pour moi" est une bonne affirmation à employer chaque fois que vous entendez une sombre prédiction.

Il est même tout à fait possible que vous en sachiez beaucoup plus sur votre maladie que votre médecin. Après tout, c'est vous qui l'avez - et vous seul savez exactement ce qu'elle vous fait. Je vous encourage donc vivement à étudier tout ce que vous pouvez trouver sur le sujet. Vous avez besoin d'être informé, aussi bien sur le plan strictement médical que d'un point de vue holistique. Vous voulez faire partie de l'équipe soignante avec votre conseiller médical. Souvenez-vous, voilà ce qu'est un médecin : un conseiller médical ; non l'autorité suprême et sûrement pas Dieu. Il doit y avoir du respect de part et d'autre. Vous voulez quelqu'un qui vous écoute, qui respecte vos craintes et vos questions. Quelqu'un qui vous explique les différentes procédures et leur intérêt, qui vous parle des effets secondaires des médicaments et cherche des alternatives. Vous voulez que votre médecin vous soutienne dans votre changement d'alimentation et vos essais d'autres méthodes thérapeutiques. Si votre médecin habituel ne présente pas ces caractéristiques, cherchez-en un autre.

Mon ami le docteur Bob Brooks est totalement d'accord pour que le patient travaille en étroite collaboration avec son médecin. Voici une brève description de son expérience.

"Je souhaite vous faire part de certaines conclusions auxquelles je suis arrivé concernant le processus de guérison.

"Je crois que nous vivons simultanément sur beaucoup de plans, parmi lesquels la REALITE PHYSIQUE et notre EXPERIENCE de la vie. La plupart des gens considèrent que leur vécu dépend des circonstances. Mais cette idée peut être remise en question. Je crois qu'il dépend davantage de la manière dont nous interprétons les circonstances.

"Je suis convaincu que notre bien-être réside dans notre manière de prendre la vie. Nous pouvons connaître ce bien-être dans n'importe quelles circonstances, même défavorables. A l'inverse, nous pouvons vivre dans des conditions favorables, avec la richesse et un corps solide et sain, et ne pas le connaître du tout.

"Le vrai bien-être est un choix individuel. Il implique de modifier sa position et de se considérer comme créateur de l'expérience plutôt que comme victime des circonstances. Ce changement nécessite une forte détermination à assumer sa responsibilité individuelle. Il implique littéralement une volonté de ressentir son propre SOI comme suffisamment puissant pour être la cause de son expérience.

"Ce type de discours sur la responsabilité est très difficile, parce la plupart des gens entendent "blâme" lorsqu'on emploie le terme de "responsabilité". Cela vient de la façon dont on traite les enfants. Quand, enfants, nous faisions quelque chose que nos parents n'approuvaient pas, leur manière de nous traiter "d'irresponsables" exprimait réellement un blâme. Quand je vois des patients refuser de reconnaître leur responsabilité, je sais qu'en fait ils sont en train de refuser d'être blâmés. Nous pouvons évidemment refuser le blâme, mais nous ne pouvons pas abdiquer notre responsabilité. Nous sommes responsables, que nous ayons on non une vision assez claire des choses pour le reconnaître.

"La médecine est une discipline de science physique incapable de créer un réel bien-être. La prévention de la maladie, ou son éradication, n'est pas synonyme de bien-être.

"Pour inclure le bien-être dans le traitement médical, il nous faut un contexte médical élargi. Je crois que toute intervention allant dans le sens du bien-être peut servir de soutien aux processus de guérison qui se déroulent dans l'organisme. Les éléments suivants sont des composants que je juge nécessaires pour créer ce que j'aime à appeler une ATMOSPHERE CURATIVE :

"1. INTENTION : la clé de tout traitement est l'intention. Elle a été appelée "volonté de vivre". Sans ce type d'intention, les malades ne vont pas produire le type de comportements qui favorisent la survie. J'ai vu des patients qui, en plein processus de mort, se sont soudain découvert une forte volonté de vivre et qui, par conséquent, ont miraculeusement guéri. J'ai aussi vu des personnes qui, étant donné leur état de santé, auraient pu vivre beaucoup plus longtemps et qui sont mortes prématurément simplement parce qu'elles ne voulaient plus continuer.

"2. CONTACT HUMAIN ET AMOUR : la puissance du simple contact humain et de l'amour semble avoir été oubliée dans notre société hautement technologique. Des psychologues ont apporté la preuve des effets profonds du manque de contact et d'amour chez les nourrissons et ont dénommé cet état "syndrome de privation maternelle". Cependant, à un degré moindre, je pense que la plupart des gens dans le monde d'aujourd'hui connaissent un syndrome de privation adulte. Les résultats n'en sont pas aussi évidents ; néanmoins, je pense qu'ils sont tout aussi sérieux en termes de conséquences sur la santé. Nous avons tous besoin d'être aimés et touchés. Ce manque de contact humain n'est nulle part plus apparent que dans nos hôpitaux modernes. En général, nous nous conduisons comme si ces besoins fondamentaux pour une existence humaine avaient peu d'importance. La vérité est qu'aucune avancée technologique ne remplacera jamais ce qui est essentiel à notre nature humaine. Je pense que cela commence à devenir évident pour la plupart des gens et est sous-jacent à l'anxiété de nombreuses personnes entrant dans un hôpital moderne. C'est comme si notre inconscient lançait un signal d'alarme : "malsain pour les êtres humains".

"3. BUT DANS LA VIE : éviter la mort n'est pas une raison de vivre très puissante et ni la science ni la technologie ne créeront des raisons de vivre. Une personne a les meilleures chances de survivre à une maladie grave ou très grave si elle a une chose pour laquelle - selon elle - il vaut la peine de vivre. Les raisons de vivre ne viennent pas de la science, mais de ces domaines tout à fait privés qui nous donnent notre caractère spécifiquement humain. Les bons médecins le savent, bien qu'ils ne soient peut-être pas capables de l'exprimer clairement. Tous ont vu ce phénomène : des patients totalement engagés envers quelque chose ou quelqu'un ont connu, à cause de cet engagement, soit une guérison, soit des périodes d'amélioration prolongées au-delà de ce que l'on pouvait envisager au vu des circonstances. Vous ne pouvez définir ce genre d'événement en termes scientifiques, mais vous pouvez apprécier d'être en présence d'un individu ainsi engagé.

"4. VOLONTE DE SE TOURNER VERS L'INTERIEUR : la manière dont, en Occident, nous considérons l'autorité extérieure est vraiment surprenante. Nous réagissons pour la plupart ainsi : si nous lisons quelque chose dans un livre, c'est vrai. Si nous vivons la même chose par nous-mêmes, nous la mettons en doute. On nous a appris à être profondément méfiants face à notre intuition et à l'expérience humaine de base. Pourtant, la sagesse ancienne encourageait l'homme à regarder à l'intérieur de lui pour chercher les réponses aux questions les plus difficiles de la vie. Je crois que le voyage de guérison commence par un REGARD VERS L'INTERIEUR, vers notre propre moi, et par le fait "d'arriver à connaître" nos propres vérités et nos propres pouvoirs de guérison.

"Je voudrais terminer ce petit exposé en énonçant brièvement ma position par rapport à cette question. Je crois que la médecine moderne a contribué à des avancées prodigieuses pour le bien-être des individus. Cela ne fait aucun doute. Cependant, une grande partie du comportement humain vital pour notre survie en tant qu'individus et en tant qu'espèce a été tristement négligée et ignorée par la profession médicale. Nous entrons maintenant dans l'âge de la synthèse et de la coopération. Les grandes puissances doivent apprendre à cohabiter si nous voulons éviter la destruction finale dans un holocauste ; de même, la médecine doit apprendre à vivre avec d'autres disciplines apportant une contribution au bien-être. Si les médecins ne se font pas plus humbles et n'apprennent pas à respecter les autres approches de la guérison et du bien-être, ils continueront à perdre le respect des gens mêmes qu'ils sont censés servir. C'est le moment d'arriver à une vision holistique véritable, le moment de prendre en compte ce qui a de la valeur dans toutes les traditions et toutes les méthodes. La science dans sa tour d'ivoire n'a plus de sens."

Affirmations pour les médecins

Tout comme les médecins doivent commencer à respecter les méthodes alternatives et les approches holistiques, nous devons être responsables du choix des médecins à qui nous demandons de nous traiter. Ceux que nous attirons reflètent les images mentales que nous avons de nous-mêmes et de la profession. Si vous cherchez un docteur ou pensez en changer, je vous suggère de faire d'abord un petit travail mental. Décidez de ce que vous attendez de votre relation avec cette personne. Puis créez une affirmation, que vous pouvez même écrire. Quelque chose comme :

"Maintenant, j'ai un médecin merveilleux. Nous nous respectons mutuellement. Nous constituons une équipe de guérison. Nous communiquons et nous nous comprenons facilement. Il me soutient et est convaincu que je peux guérir. Il connaît les thérapies holistiques et en est partisan. Tout ce que nous faisons ensemble contribue à mon processus de guérison. J'aime mon médecin et mon médecin m'aime."

Ajoutez tout ce que vous attendez d'autre de votre relation avec ce membre du corps médical. Puis relisez ce texte plusieurs fois par jour. Continuez également à affirmer : "J'attire maintenant le médecin parfait." Si vous avez des idées négatives sur les médecins ou avez entendu vos amis raconter des histoires horribles, dites-vous simplement : "Cela peut être vrai pour d'autres docteurs, mais le mien n'est pas de ce genre-là." Faites du travail mental positif pour attirer le médecin que vous souhaitez. Appelez-le par son prénom ; cela vous mettra sur un pied d'égalité. Ne lui cachez aucune partie de votre vie. S'il doit vous assister dans votre chemin vers la guérison, il doit être au courant de tout ce que vous vivez. Cela lui montre que vous lui faites confiance. Tout médecin qui se montre choqué par ce que vous lui racontez n'est pas assez sûr pour que vous travailliez avec lui. Un docteur est un être humain, tout comme vous, possédant quelques connaissances spécialisées, mais pas un être supérieur.

La charte des droits du patient

Mon ami le docteur Albert Lerner a créé une "charte des droits du patient" pour montrer qu'en tant que patients, nous sommes impliqués dans la création de notre bien-être.

"Prendre votre existence en charge implique tous les aspects de votre être et toutes les phases de votre vie. Votre relation médecin/patient en est un pivot.

"1. Vous avez le pouvoir, avec une information suffisante et l'avis du médecin, de décider de votre propre chemin vers la guérison.

"2. Vous avez le droit d'entamer et de cocréer une relation de partenaire avec votre médecin :
   a. En comprenant l'importance de bénéficier d'une ECOUTE attentive.
   b. En expliquant bien le but de votre visite.
   c. En exposant clairement vos besoins autres que le problème immédiat. Par exemple : vos besoins à long terme tels que le soutien et les conseils pour rester en bonne santé.
   d. En donnant à votre médecin une idée de votre état émotionnel et de la façon dont vous gérez vos stress. Posez-vous les questions suivantes :
   - Retenez-vous ou exprimez-vous vos sentiments d'amour, de colère, de tristesse ?

- Que se passe-t-il dans votre vie personnelle, vos relations interpersonnelles et votre vie professionnelle ? Comment vous comportez-vous dans ces domaines ?

"3. Interrogez le docteur. Posez-lui des questions !
   a. Quels sont ses conceptions philosophiques de la guérison ?
   b. Est-il capable de dialoguer ?
   c. Comment accepte-t-il les critiques constructives ?
   d. Est-il sur la défensive, juge-t-il, est-il dur, ou bien ouvert et disponible ?
   e. Vous sentez-vous bousculé, découragé, abaissé, lorsque vous allez le voir ?

"4. Démystifiez la médecine.
   a. Comment le diagnostic a-t-il été fait ?
   b. Les résultats de laboratoire et leur signification.
   c. Quels autres résultats y avait-il ?
   d. Le plan thérapeutique. Assurez-vous qu'il est le moins agressif possible.
   e. Les réactions secondaires, s'il y en a, des remèdes naturels ou des médicaments.

"5. Et pour finir, ayez la volonté d'exprimer ce qui vous concerne. NE SOYEZ PAS INTIMIDE !"

On s'aperçoit qu'il existe beaucoup de merveilleux médecins qui se soucient de leurs patients et les soutiennent, ont le désir d'apprendre et sont gentils, s'intéressent à leur santé, sont ouverts et réceptifs à de nombreuses formes de traitement. Vous pouvez les trouver, surtout si vous vous aimez vous-même. Ils sont de plus en plus nombreux, comme le docteur Bernie Siegel, à se rendre compte que le patient joue un grand rôle dans l'apparition d'une maladie et sa guérison. Ces médecins sont désireux de dépasser les limitations de la pratique médicale courante et incluent le patient dans le processus de guérison. Ils croient au travail d'équipe.

TRAITEMENT

Aujourd'hui est une autre journée précieuse sur terre. Nous allons la vivre dans la joie. Je suis un être précieux et aimé de l'univers. J'accrois mon amour pour moi-même, l'univers le reflète et le multiplie encore. Je sais que le pouvoir de l'univers est partout, en chaque personne, chaque endroit et chaque chose. Ce pouvoir d'amour et de guérison coule à travers la profession médicale et dans toute main qui touche mon corps.

Je n'attire sur mon chemin vers la guérison que des individus hautement évolués. Ma présence aide à faire jaillir les qualités curatives spirituelles de chaque praticien. Les médecins et les infirmières sont surpris par leurs capacités à travailler en équipe avec moi. Nous sommes un avec le pouvoir qui nous a créés.

Nous sommes en sécurité et tout est bien dans notre monde !

17

Traiter avec les institutions médicales

Affirmation :
Chaque main qui me touche
a le pouvoir de guérison !

Les hôpitaux

Parmi les cancéreux, on a remarqué que ceux qu'on appelle des patients "mauvais" ou "difficiles" ont le meilleur taux de survie. Souvent, ceux qui se soumettent humblement à tous les traitements sans poser de questions ne s'en sortent pas. Si vous êtes hospitalisé, faites tout votre possible pour prendre soin de vous. Demandez une chambre avec une fenêtre et de la vue. Posez des questions ; insistez pour recevoir des réponses. Ne vous soumettez pas aux traitements sans savoir pourquoi. Emportez un magnétophone pour enregistrer les conversations avec le personnel médical. Vous payez pour obtenir ses services et avez le droit de le questionner. Ces traitements sont-ils réellement adaptés à votre organisme ou s'agit-il de ce que l'on fait à tout le monde ?

Si vous êtes trop malade pour défendre vous-même vos intérêts, emmenez un ami sûr. Veillez aussi à avoir ce dont vous avez besoin. Prenez des cassettes pour votre magnétophone, de la musique thérapeutique, des cassettes de relaxation et de visualisation en vue de la guérison, etc. Utilisez ce temps à étudier et à apprendre. Faites des visualisations de guérison ; écrivez des affirmations.

Emportez quelques objets personnels pour décorer votre chambre. Mettez vos propres vêtements au lieu de porter ceux de l'hôpital. Veillez à ce quelqu'un vous fournisse des aliments nutritifs pour compléter l'ordinaire de l'hôpital. Ayez une coupe de fruits frais près de vous.

Trouvez une manière positive de collaborer avec la communauté médicale et ses traitements. Si vous avez décidé de suivre ce chemin, rappelez-vous que vous devez impérativement avoir la volonté de participer à l'action du traitement. Quand vous prenez le médicament, sachez que c'est pour votre plus grand bien. Ne pensez jamais aux effets secondaires qu'il a causés à d'autres ; ne pensez qu'au bien qu'il peut vous faire.

Vous pouvez vous aider en faisant une affirmation et en suivant un rituel journalier (ou hebdomadaire, etc.) pour prendre le médicament. Vous pouvez dire par exemple : "Voici le traitement parfait pour moi, qui me fera le plus grand bien !" Il est important de ne jamais refuser d'écouter les propositions de la communauté médicale concernant des traitements. De nombreux médicaments chimiques sont venus à bout de nombreuses maladies.

Les médicaments

Consultez votre médecin avant de suivre un traitement chimique. Beaucoup en sont encore au stade expérimental et vous risquez de mettre inutilement en péril une santé déjà entamée.

Gardez à l'esprit que la science essaie toujours de trouver un toxique tuant la maladie et non le patient ; cherchez donc dans les traitements alternatifs. Beaucoup de thérapies holistiques ont été les facteurs de guérison pour des personnes atteintes de toutes sortes de maladies.

Vous pouvez également être des instruments dans le processus de guérison de quelqu'un d'autre, dans le cadre des visites à l'hôpital. Savoir s'occuper d'un malade est une ouverture vers une joie personnelle et une thérapie pour tous ceux qui sont impliqués.

TRAITEMENT

Aujourd'hui est une autre journée précieuse sur terre. Nous allons la vivre dans la joie. Un bien inconnu et inattendu vient à moi aujourd'hui. Je suis beaucoup plus que des règles et des règlements. Dans tout établissement médical, un nombre grandissant de praticiens sont éclairés et suivent un chemin spirituel. Je les attire maintenant à moi, où que je sois.

Mon atmosphère mentale d'amour et d'acceptation agit comme un aimant et attire de petits miracles à chaque instant de la journée. Là où je suis se crée une atmosphère de guérison, qui bénit tous ceux qui m'entourent et leur apporte la paix. Nous sommes un avec le pouvoir qui nous a créés.

Nous sommes en sécurité et tout est bien dans notre monde !

18

Quand quelqu'un que vous aimez est malade

Affirmation :
Mon cœur s'ouvre à un niveau plus profond !

Si vous avez un ami atteint d'une maladie grave

Si l'un de vos amis souffre d'une maladie grave, exprimez-lui votre amour de manière pratique. Téléphonez-lui tous les jours si vous le pouvez, écrivez-lui ou, si vous êtes à proximité, allez le voir souvent et rendez-lui des services. Parfois les tâches les plus simples représentent une lourde charge pour un malade. Proposez-lui de faire ses courses et les menus travaux domestiques. Emmenez-le chez le médecin ou à une sortie correspondant à son niveau d'énergie. Dans certains cas, vous pouvez vous joindre à un groupe de soutien et apprendre comment aider les malades tout en étant soutenu. Aimez inconditionnellement ; soyez honnête avec vous et avec eux.

Si un membre de votre famille est malade

Si vous apprenez qu'un membre de votre famille est malade, sortez de vos habitudes pour lui dire que vous l'aimez et êtes prêt à le soutenir de toutes les manières possibles. C'est ce qu'il a besoin d'entendre. Votre amour et votre soutien l'aideront davantage que toute la médecine. C'est une occasion. S'il y a des choses que vous ne lui avez pas dites, si vous avez de vieux ressentiments vis-à-vis de lui, il est temps maintenant de les exprimer d'une manière objective et de les abandonner. Le fait d'être aimé et soutenu par sa famille est important.

Si votre enfant est malade

Pour comprendre pleinement les enfants et la maladie, il nous faut adopter un point de vue plus vaste, plus cosmique. Les enfants sont influencés par la conscience des adultes qui les entourent. Ils saisissent facilement leurs schémas de pensée et y répondent. L'un des moyens les plus rapides de soigner un enfant est de soigner la conscience, les schémas de pensée, de l'adulte. L'enfant saisira rapidement ces changements et les reflétera par l'amélioration de sa propre santé.

Je crois sincèrement que nous choisissons nos parents. Nous choisissons le couple parfait qui nous fournira le type d'expérience dont nous avons besoin pour notre évolution spirituelle. Les âmes jeunes prennent des expériences faciles, un peu comme si elles allaient au jardin d'enfants. Pour apprendre leurs leçons, les vieilles âmes s'attaquent à des expériences plus difficiles. Les enfants atteints de maladies très graves ont, d'après moi, choisi ces expériences avant même de s'incarner.

Quelquefois, quand nous venons sur cette planète, nous n'avons pas besoin d'une longue vie pour apprendre notre leçon. Nous pouvons n'avoir besoin que de quelques heures, mois ou années pour en terminer. Nous vivons tellement de vies ! Nous expérimentons chacune d'entre elles d'un point de vue différent. Si nous ne venons pas bien à bout de notre expérience dans une vie, nous compenserons dans la suivante. Si une fois nous sommes celui qui frappe, une autre fois nous serons celui qui est frappé. Enormément de bonnes choses ont été écrites sur la réincarnation, faites des recherches par vous-même.

Le but n'est pas de durcir notre cœur en face des gens et de leur dire : "C'est ce que vous méritez, vous l'avez récolté d'une vie passée." Ce n'est pas du tout mon idée. Nous avons besoin de nous aider mutuellement à transcender nos vieux schémas négatifs. J'essaie de donner une image plus vaste de la vie pour montrer que chaque moment que nous vivons est important. Tout ce que nous disons, faisons et pensons a un sens ; c'est la raison pour laquelle nous devons clarifier nos actes dès MAINTENANT.

Si votre enfant est malade, restez auprès de lui. Dites à tous les membres de votre famille et à vos voisins combien vous aimez votre fils ou votre fille. Dépassez ce qu'"ils" peuvent sentir ou penser. Vous irez loin sur votre chemin de croissance spirituelle. Depuis le début de l'histoire, tous les grands enseignants ont parlé de l'amour inconditionnel, disant que celui-ci constitue la plus grande leçon que nous ayons à apprendre dans notre vie. Nous élevons de nombreux obstacles nous empêchant d'exprimer pleinement notre amour, mais nous pouvons tous les surmonter. Si, dans toutes les situations, nous nous plaçons dans l'espace d'amour de notre cœur, nous nous élevons au-dessus des jugements et nul mal ne peut nous atteindre.

Traiter quelqu'un que l'on aime de "pauvre chose" ou dire aux gens qu'ils "ont ce qu'ils méritent" ne contribue à la guérison de personne. Nous n'avons pas le temps de nous laisser aller à des concepts aussi limités. Nous sommes sur cette planète pour nous aider les uns les autres et en faire un monde d'amour, de paix et de guérison.

Les visites à l'hôpital

Ce n'est un moment facile pour aucun de nous. Aller voir des malades hospitalisés devient de plus en plus courant. Certains d'entre nous font des visites quasi quotidiennes lorsque leurs amis ou les êtres qu'ils aiment sont confrontés à des expériences physiques intenses. C'est une période pénible pour tout le monde. Nous avons peu de règles de conduite et il est difficile de savoir ce qui peut être réellement utile pour le patient.

Au fur et à mesure que notre connaissance de l'alimentation augmente, nous nous rendons compte qu'il n'est pas du plus grand intérêt pour les patients de leur apporter des sucreries et des gâteaux. Si nous leur apportons des aliments et des boissons, il est préférable de trouver des produits de haute qualité organique. Des fruits frais et des jus de fruits sont bien meilleurs pour l'organisme que des sucreries et des boissons artificielles. Du jus de carotte frais constitue un complément judicieux de la nourriture de l'hôpital.

Quand nous nous allons voir un malade dans un hôpital, nous devons penser : "Que puis-je faire pour soutenir son processus de guérison ?", "Comment puis-je l'encourager ?" Peut-être aimerait-il que vous lui fassiez la lecture. Vous pouvez lui apporter une cassette de pensée positive et même un magnétophone bon marché s'il en a besoin. Le temps passe lentement pour les personnes hospitalisées et les nombreuses cassettes stimulantes disponibles peuvent contribuer à faire de ce temps une expérience positive. Elles laissent en outre un souvenir de votre attention même quand vous n'êtes pas là.

Souvenez-vous, c'est notre présence qui a le plus d'importance. Nous n'avons pas besoin de nous montrer brillants ni très gais. Il suffit de venir simplement dire : "Je t'aime et je veux te donner un peu d'énergie positive." Et puis de toucher. "L'imposition des mains" se fait depuis toujours. C'est un geste normal et naturel quand quelqu'un souffre. Même sur nous-mêmes : si nous nous coupons ou nous cognons, nous mettons immédiatement notre main sur cet endroit pour "qu'il se sente mieux". Le fait de donner et de recevoir de l'énergie est une bénédiction pour les deux parties.

Quand je rends visite à un patient à l'hôpital, j'aime bien lui masser les pieds. C'est un geste généralement très apprécié. Demandez d'abord la permission, puis, simplement, frottez avec douceur les pieds de la personne. Vous n'avez pas besoin d'être un expert. Suivez simplement votre guidance intérieure pour faire ce qu'il y a à faire. Vous pouvez apporter un petit flacon de crème pour les mains dans ce but. C'est probablement le plus gentil cadeau que vous puissiez faire à quelqu'un d'hospitalisé - une attention aimante et une énergie relaxante. Les podoréflexologues disent que les pieds apportent de l'énergie à toutes les parties du corps et que tout l'organisme bénéficie de leur massage. Cela vous donne également quelque chose à faire et ainsi vous ne restez pas là, gêné, à essayer de trouver les paroles appropriées.

TRAITEMENT

Aujourd'hui est une autre journée précieuse sur terre. Nous allons la vivre dans la joie. J'ai tellement d'amour en moi que je pourrais guérir la planète entière ! Je permets maintenant à cet amour de se manifester afin que je puisse l'utiliser pour aider ceux que j'aime. Je suis plein d'énergie, d'espoir et de la certitude que je peux être utile de mille façons.

Je suis ici pour aimer inconditionnellement et j'ai maintenant l'occasion de le faire. Nous sommes un avec le pouvoir qui nous a créés.

Nous sommes en sécurité et tout est bien dans notre monde !

19

Sur la mort

Affirmation :
Nous sommes en paix avec le rythme et le flux de la vie !

Nous ne connaissons pas toutes les réponses. En fait, il semble que nous connaissions très peu de réponses. L'une des choses que nous voulons est d'être en paix avec nous-mêmes, où que nous soyons et quoi qu'il se passe, et de savoir que la mort n'est pas un échec. C'est l'une des expériences de notre vie. Et comme je l'ai souvent dit, quand nous partons, c'est notre heure. Je pense que nous passons un accord avec nos âmes pour l'heure à laquelle nous devons partir.

Nous avons l'idée que nous devons rester là très longtemps. Nous sommes là pour faire l'expérience de la leçon que nous devons apprendre dans cette vie, puis nous partons pour une dimension beaucoup plus libre ou, peut-être, nous revenons aussitôt pour recommencer. Notre mort n'est que la porte opposée à celle de la naissance. L'un vient sur cette planète, l'autre la quitte ; c'est bien et c'est naturel. Je pense que nous n'avons pas voulu voir le problème de la mort pendant très longtemps, nous dérobant à toute discussion, implication ou information dans ce domaine. Et tout d'un coup, nous sommes confrontés à la nécessité d'aborder le problème et de nous le rendre acceptable, quel que soit le moment où nous partions.

Rappelez-vous que la mort n'est *pas* une punition. La mort n'est pas un échec. La mort est l'égaliseur ultime. La mort est le guérisseur ultime. La mort est le moyen de quitter ce corps, ce vêtement qui n'est plus utile, le monde physique. Je crois que nous venons de nombreuses fois sur cette planète et faisons de nombreuses expériences différentes; je crois aussi que nous quittons la planète de différentes manières et à des âges différents. Rien n'est juste ou faux ; tout est, purement et simplement.

Si vous êtes malade et décidez qu'il est préférable de quitter la planète dans un proche avenir, faites-le avec joie et avec amour. Soyez en paix par rapport à votre décision. Partagez cette paix avec ceux qui vous entourent. Apprenez-leur ce que peut être une mort aimante. Si la mort vous effraie, lisez le livre de Moody, *La Vie après la Vie*. Il donne de nombreux exemples de personnes qui ont fait l'expérience de la mort et en sont revenues. Toutes racontent qu'elles ont rencontré un très grand amour et une très grande lumière. L'expérience a changé leur regard sur la vie et leur a enlevé la peur de la mort. C'est un beau livre réconfortant.

Tout comme vous, je souhaite que davantage de gens aillent mieux. J'en trouve très peu qui soient réellement prêts à s'engager à guérir. Il faut beaucoup de volonté pour s'engager à cent pour cent pour six mois à un an minimum. J'entends sans cesse : "Je triche un peu sur mon régime". Tricher vis-à-vis de qui ? Quand la situation met en jeu la vie et la mort, on n'a pas le temps de tricher.

Quand je vais dans les chambres d'hôpital et vois des sodas, des gâteaux au chocolat et des boîtes de bonbons, j'ai envie de pleurer.

Oui, retrouver la santé représente beaucoup de travail. Oui, cela signifie changer son style de vie. Oui, cela peut signifier se faire de nouveaux amis. En êtes-vous digne ? Vous aimez-vous suffisamment ? Avez-vous une raison de vivre ? Pour quoi vivez-vous ?

Certaines personnes utilisent une maladie pour quitter la planète. Elles se sont créé une vie qu'il ne leur semble pas possible d'améliorer, aussi préfèrent-elles partir sans attendre et se remettre au travail une autre fois.

Il vient un moment dans la vie de chacun où il doit accepter que la mort est pour maintenant. Nous devons être en paix avec ce moment, quel qu'il soit. Nous devons apprendre à accepter la mort. Nous devons aussi traverser l'expérience qu'elle offre.

Le chagrin

On a le droit d'être en colère. Il est normal et naturel d'être en colère quand quelqu'un que l'on aime part. Quelquefois nous nous culpabilisons. Nous pensons : "Je ne devrais pas être en colère." Mais nous nous sentons en colère et c'est normal.

Nous ne sommes pas habitués à traverser l'expérience de la mort. Nous ne sommes pas préparés. Nous avons fui cette idée de mort pendant très longtemps et maintenant, tout d'un coup, elle est là. Elle est parmi nous. Et tous les jours. Et que pouvons-nous faire ? Seulement nous aider les uns les autres. Tendez une main et dites : "Je suis ici pour aider."

Le processus du deuil prend au moins une année entière. Vous devez traverser toutes les saisons, parce que vous avez fait beaucoup de choses avec la personne que vous avez perdue et que chaque saison vous en rappellera certaines. Au bout d'un an, le processus commence à s'atténuer.

J'ai souvent entendu des gens se plaindre qu'untel avait “fait tout le travail” et était pourtant tombé malade et qu'untel avait “fait tout le travail” et n'en était pas moins mort. Leur attitude se résume finalement à : “Pourquoi essayer de changer sa vie si, de toute façon, on n'évite pas la mort ?” Je trouve que c'est là un point de vue très limité sur la vie.

Tout le monde meurt. C'est un fait que beaucoup d'entre nous ne veulent pas accepter. Les arbres, les animaux, les oiseaux, les poissons, les rivières et même les étoiles meurent ; nous aussi. Et cela au moment et à l'endroit justes. Je crois que nous venons tous sur cette planète pour apprendre et pour croître. Quand notre leçon est terminée, nous partons. C'est un accord avec notre âme. L'âme sait quand vient le bon moment pour partir.

Si nous considérons notre vie d'un point de vue de victime et voyons la mort comme un échec ou une punition, nous avons effectivement un sentiment de désespoir et d'échec.

Pourtant, c'est pour nous un temps de croissance et notre but ne doit pas se limiter à ajouter quelques jours ou mois à notre vie. Quel est l'intérêt de vivre plus longtemps si nous n'améliorons pas la qualité de notre vie ?

Il est normal de mourir

La maladie n'est pas un échec. La mort n'est pas un échec. Ce sont des expériences de vie. La mort est un moyen de naître dans la phase suivante de la vie éternelle. "Faire le travail" - c'est-à-dire mieux s'occuper de nous-mêmes, apprendre à abandonner le ressentiment, nous pardonner à nous-mêmes et aux autres, nous aimer nous-mêmes inconditionnellement - tout ceci nous permet de traverser l'expérience de la maladie ou de la mort plus paisiblement et plus confortablement.

Certains disent : "Si vous avez fait le travail, vous ne devriez plus être malade du tout." En effet, nous pouvons atteindre un point où nous ne nous créons plus rien de désagréable. J'ai entendu le Dalaï Lama dire : "Si nous avions assez d'amour, nous n'aurions aucun besoin de remèdes." Mais si nous étions réellement parvenus à cet amour inconditionnel total, nous n'aurions plus besoin de séjourner sur cette planète où la loi est d'apprendre à aimer. Les façons socialement acceptées de quitter cette planète sont la maladie et les accidents. Nous créons donc la maladie et les accidents pour partir.

Nous semblons aussi oublier la loi de cause à effet, selon laquelle ce que nous donnons revient vers nous. Nos pensées, nos paroles et nos actes sortent de nous, puis nous reviennent sous forme d'expériences. Une maladie soudaine peut représenter de vieux problèmes revenant vers nous pour que nous les réglions. La leçon peut alors être : "Comment régler ce problème ?" Retombons-nous immédiatement dans nos anciens schémas de culpabilité et notre idée que nous ne sommes pas assez bien ? Nous en voulons-nous de traverser une expérience désagréable ?

Chaque instant est un moment pour apprendre et pour croître. Si nous avons appris à nous aimer, nous nous infligerons périodiquement un test pour voir si c'est vrai et jusqu'où nous sommes allés. Comment saurions-nous si nous nous aimons réellement tant que nous ne sommes pas dans une situation où, dans le passé, nous nous serions condamnés et fait des reproches, alors que maintenant nous sommes aimants et tranquilles ?

J'ai vu beaucoup de gens venir à moi seuls, amers et pleins de peur. Au bout de quelques mois de travail, ils avaient changé ; ils étaient devenus aimants et prêts à pardonner. Pas encore totalement, mais bien davantage qu'au départ. Puis ils ont eu une rechute de leur maladie, mais c'était tout à fait différent de la première fois. Ils étaient beaucoup plus paisibles et même gentils avec eux-mêmes. Ils attiraient beaucoup de personnes aimantes qui les entouraient pour les aider à traverser l'expérience. Certains devaient même trier les visiteurs, tant étaient nombreux ceux qui voulaient les aimer et les aider.

J'en ai vu d'autres traverser le processus de la mort tellement entourés et encouragés par des personnes aimantes qu'ils en étaient surpris. Il leur avait fallu en arriver là pour se rendre compte et prendre conscience du nombre de gens qui les aimaient réellement, qui étaient prêts à prendre le temps de s'occuper d'eux. C'était un prix élevé à payer pour cette découverte. Ils auraient pu la faire beaucoup plus tôt et plus facilement. Nous pouvons laisser venir l'amour à n'importe quel moment. Nous pouvons rendre nos vies plus riches et plus pleines maintenant.

La maladie n'est pas un échec. La mort n'est pas un échec. Ce sont des expériences que nous traversons. La façon dont nous les vivons est en rapport avec notre croissance intérieure. “Faire le travail” ne signifie pas que vous n’aurez jamais le moindre problème. Cela signifie que vous serez capable de traverser différemment ces expériences. Au lieu d’être des tragédies, elles “seront”, simplement. Quel que soit votre degré d’amour pour vous-même, vous quitterez la planète un jour, vous mourrez. Votre état mental à ce moment-là sera très lié avec votre volonté de régler les vieux problèmes avant de partir.

Plus tôt vous réglerez les vieux problèmes - pardonner à votre famille, faire la paix avec vous-même, aimer qui vous êtes, permettre à d’autres de vous aimer - plus vite vous pourrez apprécier notre vie maintenant.

Nous essayons tous d’avoir un point de vue plus large sur la vie, de comprendre le tableau plus vaste que nous propose la métaphysique. Nous faisons de notre mieux avec la compréhension, la connaissance et la sagesse que nous avons sur le moment. Grandir et changer ne sont pas des tâches faciles. Le mental aime rester immobile. Il sautera sur n’importe quelle occasion de résister à une nouvelle façon de penser.

Pourtant vous pouvez contrôler vos pensées. Ne laissez pas votre mental vous diriger. Nous n’avons pas à retomber dans nos anciennes façons de penser simplement parce qu’il y a une rechute. Ne laissez pas votre mental trouver un autre moyen de résister et de se révolter.

Que nos buts soient la paix de l’esprit et l’amélioration de notre vie aujourd’hui, en ce moment même. Comment nous aimer davantage ? A qui ou à quoi d’autre pardonner ? Je crois que l’essentiel de ce que nous emportons quand nous quittons la planète est notre capacité à aimer. Comment accroître cette capacité ?

La confrontation à des morts multiples

Nous avons remarqué que les membres d'un groupe semblent aller à l'hôpital ou quitter la planète par vagues. Tout est calme et soudain plusieurs tombent malades ou meurent les uns après les autres. Ces moments sont toujours bouleversants pour le groupe. Nous nous réjouissons quand l'un d'entre nous va mieux et sommes profondément attristés quand, une fois de plus, nous sommes confrontés à notre vulnérabilité et à notre nature mortelle.

Nous nous retrouvons encore face à la peur. Une colère frustrante remonte et il faut en faire quelque chose. Comme il est préjudiciable de refouler les émotions, c'est là que le groupe de soutien devient utile. Nous pouvons nous tourner les uns vers les autres.

Joseph Vattimo, l'un de mes très proches collaborateurs, qui m'est d'un soutien formidable, est parfois submergé par les émotions, tout comme moi. Alors nous tombons dans les bras l'un de l'autre et pleurons, impuissants. Une fois que nous avons laissé sortir ces sentiments de rage et de désespoir, nous retournons simplement au travail - il y a tellement à faire.

Ayant vu beaucoup de gens partir ces dernières années, j'ai remarqué que ce sont souvent ceux qui ont le plus de haine d'eux-mêmes et de culpabilité qui connaissent les plus grandes douleurs et les plus grandes souffrances. La culpabilité et la haine de soi vont souvent la main dans la main. La culpabilité recherche la punition et la punition crée la douleur. Ils n'ont pas voulu abandonner la douleur du passé. En outre, ils ont parfois des images terribles de ce qui les attend quand ils quitteront la planète.

Si nous avons été élevés dans une religion qui parle des feux de l'enfer et que nous choisissons de continuer à croire en elle, nous serons probablement terrifiés de mourir. Ceux qui ont fait une expérience au seuil de la mort et sont revenus la décrivent comme une merveilleuse expérience - pleine de paix et d'amour. Ils disent également qu'ils n'auront plus jamais peur de mourir. Je crois qu'il est bon de rassembler toutes les informations positives sur chaque aspect de la vie, y compris la mort.

Ceux qui partent dans la paix et l'acceptation ont souvent réglé tous leurs problèmes. Ils ont accepté de voir leurs vieux ressentiments et ont cherché à pardonner. Ils ont souvent guéri les ruptures avec leur famille et fait la paix avec eux-mêmes. Ils ont appris à s'aimer et à s'accepter tels qu'ils sont. Ils ont un concept positif de la mort, disant que cette vie n'est qu'une étape dans leur voyage éternel à travers la vie.

Certaines personnes sont totalement rejetées par leur famille et meurent dans une grande solitude et une grande peur. Nous voulons tous nos mamans et nos papas dans les périodes de stress. Nous voulons que nos parents nous tiennent dans leurs bras, nous disent que tout ira bien et que nous n'avons rien à craindre.

C'est là que le groupe de soutien peut faire beaucoup de bien. Il peut constituer une famille de remplacement, qui donne de l'amour et comble les besoins. Nous pouvons être nos propres parents.

Il peut également être d'une grande utilité pour les familles quand celles-ci sont effrayées et affolées et peut-être totalement ignorantes du problème.

Les dernières volontés

La question de vos volontés de fin de vie se pose - exprimer votre volonté, dire si vous voulez que l'hôpital emploie des mesures héroïques, mécaniques ou manuelles, pour maintenir votre corps en vie.

Le corps en arrive parfois à un point tel que ce n'est plus la peine de se battre pour lui. Mais l'hôpital trouvera toujours un moyen de le forcer à vivre quelques heures ou jours de plus. Le souhaitez-vous ? C'est une question que l'on doit considérer et régler quand on est en bonne forme. Si l'on attend trop, on risque de ne plus avoir suffisamment ses esprits pour prendre la décision.

Dans vos dernières volontés, vous pouvez aussi désigner la personne qui devra prendre cette décision. Parfois il est préférable que ce soit un ami ou un amoureux connaissant bien la situation, plutôt qu'un parent hystérique qui vient juste d'arriver et n'est au courant de rien.

Nous mourrons tous. Je crois que nous sommes tous morts de nombreuses fois, tout comme nous sommes nés de nombreuses fois. La mort n'est ni une honte, ni une punition, ni un échec. Nous ne sommes pas dans notre tort, nous ne sommes nullement "pas assez bien" parce que nous tentons de guérir notre corps et quittons quand même la planète. C'est une manière normale et naturelle de partir, tout comme la naissance est la manière normale et naturelle de venir sur ce plan d'action. Nous avons de nombreuses possibilités différentes de le faire. Le processus de la mort est souvent plus aisé que celui de la naissance. Nous luttons pour nous frayer notre chemin jusqu'à la naissance. Nous pouvons juste nous laisser aller et glisser dans la lumière quand nous partons.

J'ai assisté à beaucoup de belles morts empreintes de paix. Ce sont celles que connaissent les personnes qui ont résolu leurs problèmes avec les autres et avec elles-mêmes, qui savent parfaitement que la mort est une expérience positive. Elles voient clairement la lumière lorsqu'elles sont prêtes à partir et sont certaines que beaucoup d'amour les attend. J'ai aussi vu des morts pénibles, où la personne a peur et ne veut pas s'abandonner. Peut-être croit-elle au diable et à l'enfer éternel.

Si vous aidez un ami ou quelqu'un que vous aimez à traverser ce moment particulier, faites tout votre possible pour en faire une joie. Ecoutez-le, permettez-lui de partager tout ce qu'il veut exprimer. Soyez un réconfort pour lui. Tenez-lui les mains, massez-lui les pieds. Dites-lui combien vous l'aimez. Dites-lui qu'il traversera la lumière et sera reçu avec beaucoup d'amour. Il n'y a rien à craindre. Faites-lui savoir qu'il est en sécurité et accomplira parfaitement le passage.

Nous arrivons et partons tous au milieu du film. Il n'y a pas de bon et de mauvais moment, il n'y a que notre moment. Tout est dans le Juste Ordre Divin et se passe au point juste de l'espace et du temps. Nous ne perdons jamais quelque chose ou quelqu'un. A un niveau ou un autre, nous sommes toujours reliés.

Souvenez-vous de votre amour et de votre lien, même si vous êtes dans le deuil. La mort n'est pas la fin de notre relation avec cette personne. Au contraire, par l'intériorisation, nous sommes capables d'approfondir notre vie et d'avancer sur le chemin de l'acceptation et de l'amour de soi.

TRAITEMENT

Aujourd'hui est une autre journée précieuse sur terre. Nous allons la vivre dans la joie. Bien que nous marchions dans la vallée de l'ombre de la mort, nous sommes en paix. Nous savons que la naissance et la mort sont des expériences normales et naturelles de la vie. Nous sommes maintenant entourés d'amour et, quand nous quitterons cette planète, nous serons libérés par ceux qui nous aiment. Puis nous serons joyeusement reçus par ceux qui nous attendent, les bras ouverts et pleins d'amour.

Un amour infini s'étend au-delà de l'univers et au-delà de la mort elle-même. La conscience est éternelle ; nous aussi. Nous sommes un avec la puissance qui nous a créés.

Nous sommes en sécurité et tout est bien dans notre monde !

20

Les thérapies alternatives

Affirmation :
Je peux nourrir mon organisme d'amour !

Si vous êtes déterminé à faire tout votre possible pour établir un programme de thérapies qui vous aide dans votre processus de guérison, il y a plusieurs domaines à explorer. Tous ont fait leurs preuves pour certaines personnes. Chaque "corps" est différent d'un autre, donc le programme variera quelque peu. Cherchez dans ces diverses alternatives pour trouver celles qui vous réussissent. Oui, vous avez besoin de vous prendre en charge. Vous avez besoin d'être en contact avec votre corps et de décider quel est le meilleur programme pour vous.

Si vous continuez à prendre des drogues récréatives et à boire excessivement, MAINTENANT IL EST TEMPS D'ARRETER ! Vous devez chasser les toxines de votre organisme. Ces toxines peuvent comprendre les drogues non médicamenteuses, des produits chimiques variés, les infections, les parasites et même les additifs alimentaires.

La nutrition

La nutrition est une partie vitale du processus de guérison. Pour beaucoup d'entre nous, élevés dans le régime alimentaire standard, c'est une révélation de découvrir les propriétés nocives ou curatives des divers aliments et boissons. Se nourrir de plats tout préparés, surgelés ou en boîte, passés au four à micro-ondes, d'aliments contenant des produits chimiques et des conservateurs, peut être nuisible pour votre corps. Ces aliments ne sont déjà pas bons pour nous quand nous sommes en bonne santé et ils contribuent progressivement à la détérioration de l'organisme. Quand nous sommes malades, ils entravent les capacités de celui-ci à se guérir lui-même.

En vue d'une meilleure alimentation, presque tous les nutritionnistes sont d'accord pour restreindre le sucre, les sodas, les produits à base de farine blanche, les produits laitiers et la viande rouge, ainsi que les aliments contenant des moisissures, surtout si vous avez une infection parasitaire. Tous ces produits sont soit des aliments morts qui vous nourrissent peu, soit des aliments qui contribuent aux problèmes de votre corps.

Les nutritionnistes sont également d'accord pour insister sur les aliments frais, les légumes, les fruits, les céréales complètes (riz, orge, avoine, seigle, froment, sarrasin, quinoa, millet) et la consommation d'un peu de poisson et de volaille. Ces aliments frais possèdent des propriétés favorables à la vie. Les cellules de votre organisme les apprécient parce qu'ils contiennent tous les éléments qui participent à la réparation et au renouvellement de vos organes et cellules. Mangez davantage à la maison. Aimez-vous suffisamment pour faire vous-même la cuisine. Assurez-vous que vous avez l'alimentation dont vous avez besoin. Vous la trouverez rarement dans un restaurant. Nourrissez-vous et alimentez-vous avec amour de nourriture saine. Vous en êtes digne.

Il existe de nombreux bons livres sur la nutrition. Vous trouverez une liste à la fin de ce livre.

Vitamines et minéraux peuvent être de bons compléments. Pourtant je ne recommanderais pas d'aller au magasin diététique en acheter au hasard. Vous avez réellement besoin de voir un bon nutritionniste ou phytothérapeute et d'avoir un programme sur mesure, établi en fonction de vos besoins particuliers. Vous n'avez peut-être aucune idée de ce dont vous avez réellement besoin, donc consultez quelqu'un qui sait.

Pour nous, Américains, les mauvaises habitudes alimentaires ne sont pas nouvelles. Nous appartenons à la deuxième génération du Grand Régime Américain - ce que j'estime être de la “non-nourriture”. Sur cette planète existent toutes sortes de fruits, de légumes et de céréales capables d'entretenir la vie du mieux possible. Nous nous sommes détournés de ces aliments naturels et avons créé une culture basée sur la nourriture synthétique. Beaucoup de gens trouvent normal et naturel de vivre de boissons gazeuses, de gâteaux et de nourriture emballée toute prête, tous produits possédant très peu de qualités nutritives.

Les premiers enfants qui ont commencé à manger de ce type de non-nourriture ont grandi et ont eu des enfants ; maintenant ces enfants deviennent adultes à leur tour et ont très peu de résistance; leur système immunitaire n'est pas aussi fort que le nôtre il y a vingt-cinq ans.

Vous pouvez dire : “Alors, pourquoi la durée de vie a-t-elle continué à s'accroître ?” Ce phénomène est dû au fait que l'industrie médicale est capable de forcer le corps à survivre plus longtemps - et non à la bonne alimentation.

Physiquement et psychologiquement, les mauvaises habitudes alimentaires deviennent un stress de plus dans notre vie. Combien de fois avez-vous regardé un plat de fast-food et pensé en vous-même : "Pouah !" La mauvaise nourriture est de la mauvaise nourriture; nous savons intuitivement la reconnaître.

Le corps ne peut faire face très longtemps à ce type de stress négatif. Mais "très longtemps" est maintenant arrivé. Un organisme sain normal est tout à fait capable de prendre soin de lui-même, ce qui se reflète dans la réponse du système immunitaire. Celui-ci a été désigné pour rejeter les envahisseurs. Si nous l'affaiblissons par des drogues, de l'alcool et de la non-nourriture, nous sommes largement ouverts aux maladies courantes du moment.

En même temps que la mauvaise alimentation est devenue une norme, la culture de la drogue a explosé dans notre société. Je n'ai jamais compris pourquoi les autorités ont autorisé les drogues à s'implanter. Il aurait été si facile de les réprimer au commencement ! Maintenant, des milliers de personnes dépendantes de ces drogues ont besoin de leurs doses et feraient n'importe quoi pour se les procurer, y compris voler, blesser et tuer. Les drogues et l'alcool sont devenus un mode de vie pour de nombreuses personnes.

La phytothérapie

J'ai remarqué que, pour chaque maladie que les êtres humains créent, il existe une réponse dans la nature. Il suffit de la trouver. Si nous pouvons créer une maladie, nous pouvons aussi en trouver le traitement. Les remèdes végétaux sont aussi vieux que la planète elle-même. Dans les temps modernes, nous nous sommes éloignés d'eux pour trouver dans les produits chimiques inventés par les firmes pharmaceutiques quelque chose qui nous délivre instantanément du symptôme. Mais les médicaments chimiques ont souvent des effets secondaires susceptibles d'être presque pires que la maladie d'origine.

Les remèdes végétaux mettent un peu plus de temps à faire de l'effet. Il ne sont pas de simples suppresseurs de symptômes. Quand ils font leur travail, ils ramènent le corps à l'équilibre et à la santé.

La maladie signifie que l'organisme a perdu son équilibre. Les médicaments chimiques suppriment les symptômes ; ils s'occupent du problème immédiat ; ils n'œuvrent guère à ramener l'organisme à l'équilibre. Pourtant, c'est le déséquilibre qui, en premier lieu, a créé la maladie. Les remèdes de plantes s'attaquent directement à la cause de la maladie ; celle-ci étant corrigée, les symptômes disparaissent progressivement.

Les plantes peuvent être utilisées pour détoxiquer le corps, améliorer la circulation, tonifier les organes et accomplir toutes sortes d'autres actions curatives. Elles sont plus lentes que notre médecine occidentale à action rapide ; mais elles ont moins d'effets secondaires et elles s'attaquent aux causes du problème. Il y a beaucoup de bons phytothérapeutes. Cela vaut la peine de s'adresser à cette thérapie alternative. La phytothérapie est de plus en plus largement connue et de nombreuses personnes en ont tiré de bons résultats.

L'homéopathie

L'homéopathie existe depuis la fin du dix-huitième siècle. Durant la première partie de ce siècle, elle a été largement employée dans notre pays, mais elle est tombée en défaveur avec la montée de la médecine allopathique moderne. La famille royale britannique utilise toujours exclusivement la médecine homéopathique. C'est un système employant les substances naturelles pour soulager les symptômes.

"Homo" et "homéo" sont les racines grecques de "pareil" ou "même". L'homéopathie est donc en fait le traitement de certains troubles par des substances similaires. Chaque maladie aurait une substance spécifique qui l'éliminerait - une substance qui "agirait" ou serait "comme" la maladie elle-même.

L'exercice physique

Voici une autre habitude positive à développer. C'est une activité personnelle ; il vous faut donc établir un programme d'exercice qui soit parfait pour vous. L'exercice stimule l'énergie de votre corps. S'il n'est pas pratiqué en excès, il peut vous aider à vous sentir mieux. Faire trois séances de gymnastique par semaine est très bien. Marcher une demi-heure chaque matin ou chaque soir est également bon pour votre corps. Sortez et bougez, si vous le pouvez. A la maison, vous pouvez toujours faire des exercices simples et vous imaginer en train de suivre un entraînement plus sérieux. Au bout d'un moment, vous vous retrouverez en train de pratiquer réellement ces activités plus intenses.

Souvenez-vous, l'esprit a toujours une action sur le corps et un entraînement mental vous remettra à flot jusqu'à ce que vous puissiez passer au niveau physique.

L'acupuncture

Cherchez de l'aide dans l'acupuncture, système chinois vieux de cinq mille ans, basé sur la circulation de l'énergie dans le corps. Lorsque nous sommes malades, souvent notre énergie se bloque. De nombreux points sur les méridiens peuvent être utilisés pour renforcer l'énergie de défense de votre corps. L'acupuncture active votre système énergétique de guérison. Je l'utilise périodiquement pour mon bien-être général. Ses effets positifs peuvent être : énergie ou bien-être accrus, meilleur état respiratoire, réduction de volume des ganglions, soulagement des sueurs nocturnes et de la diarrhée, diminution de l'abus de drogues ou d'alcool...

Le travail sur le corps

Les massages thérapeutiques

Et, bien sûr, explorez la thérapie par les massages. Nombre d'entre nous ont en eux beaucoup de peur et de tensions. Les massages apportent une grande détente au corps et à l'esprit. Faites-en une activité régulière de votre vie. Si vous ne pouvez trouver ou ne pouvez vous offrir un masseur ou une masseuse professionnelle, échangez avec un ami, ou bien créez un petit groupe de massage constitué de trois ou quatre amis qui se massent à tour de rôle.

Le reiki

Le reiki est la transmission de l'énergie curative divine à travers les personnes. C'est tout simplement l'imposition des mains. Celles-ci sont des outils puissants dans le processus de guérison. Tout ce que nous touchons perçoit notre énergie personnelle. Si nous nous concentrons sur la guérison, nous pouvons l'entraîner. Durant mes réunions des groupes du mercredi soir, j'ai toujours mes tables de reiki. Certains thérapeutes sont des professionnels, d'autres simplement des personnes qui veulent aider. L'énergie curative passe toujours aussi bien.

Le Trager

Une autre thérapie corporelle utile est le Trager. Développée par Milton Trager, c'est un procédé simple impliquant une seule partie du corps à la fois. Par exemple, si le ressentiment est accumulé dans le bras, le thérapeute prend celui-ci dans ses mains et le berce longuement. Ce temps permet au patient de commencer à abandonner son bras et son ressentiment. Le travail continue jusqu'à ce que le patient ait lâché toute la négativité. C'est une bonne leçon de lâcher prise.

Le rolfing

Le rolfing est plus spécifique et plus concentré que le Trager. Des tableaux bien précis montrent où sont accumulées les émotions refoulées, ressentiment, haine, etc. Par un massage intensif de l'endroit en question - le site d'accumulation se délimite généralement à une très petite zone - ces émotions sont progressivement éliminées. Cette méthode a été développée par Ida Rolf, qui pense qu'un effort plus intense et plus concentré est nécessaire.

Le travail mental

Le traitement par les cristaux

Le pouvoir des cristaux est connu et utilisé depuis des milliers d'années. Depuis les anciens Egyptiens jusqu'aux Ecoles de Grèce et de Rome, on sait que les cristaux ont des propriétés particulières pouvant nous aider dans notre guérison spirituelle et physique. Ils engrangent et amplifient les pensées, la lumière et tout autre type d'énergie.

Il existe même une méthode de guérison par les cristaux, avec des tableaux mettant en relation un cristal donné avec la partie du corps qui en a besoin. Encore une fois, tout ce dont on a besoin est une pensée, une pensée positive, de santé ou de sécurité - ou toute autre chose que vous avez besoin de recevoir de l'univers. Votre cristal est supposé enregistrer cette pensée, puis l'amplifier dans l'univers. Celui-ci, à son tour, réflétera cette pensée dans votre guérison personnelle.

De nombreux livres sont disponibles sur l'utilisation et les divers aspects des cristaux.

L'attitude mentale

Comme nous l'avons répété maintes et maintes fois dans ce livre, votre attitude mentale est très liée à votre bien-être émotionnel, qui à son tour affecte la santé de votre corps. Votre programme inclura l'étude et la pratique de ce que Gerald Jampolsky appelle la "guérison des attitudes", c'est-à-dire le changement de la façon dont vous choisissez de considérer les situations. Etudiez des textes de pensée positive ou bien suivez des cours sur la méthode Silva ou l'auto-hypnose. Elargissez votre spiritualité et adoptez un point de vue plus vaste sur la vie.

Trouvez quelqu'un qui puisse vous aider. Sortez de vous-même. Une aide mutuelle est bénéfique pour chacune des deux personnes. Ce peut être quelqu'un de votre groupe de soutien ; ce peut être quelqu'un qui est absolument seul. Quel que soit votre état, vous pouvez faire quelque chose pour autrui. Un simple appel téléphonique pour prendre des nouvelles peut être très important pour une autre âme en peine.

TRAITEMENT

Aujourd'hui est une autre journée précieuse sur terre. Nous allons la vivre dans la joie. La nourriture spirituelle dont ont besoin mon esprit et mon corps est un flot d'amour constant. Je me manifeste de l'amour de toutes les façons possibles. Je vois cet amour exprimé dans les choix que je fais pour moi. Je le sens dans l'amour dont je m'entoure. Je m'aime assez pour absorber uniquement des aliments et des boissons qui me nourrissent. Je m'aime assez pour suivre un régime de pensées et d'actions positives. Je m'apporte une aide aimante dans chaque domaine de ma vie. Nous sommes un avec la puissance qui nous a créés.

Nous sommes en sécurité et tout est bien dans notre monde !

21

Les systèmes de soutien

Affirmation :
Nous nous aimons et nous soutenons mutuellement !

Les groupes de soutien sont ce que nous avons de plus important, surtout lorsqu'il y a un problème. Nous avons tous constamment besoin d'amour et de soutien ; d'autant plus, quand le problème paraît insurmontable, le groupe devient vital.

Un groupe de soutien peut être simplement constitué de trois amis se réunissant d'une manière positive ou comprendre plus de six cents personnes, comme mon grand groupe d'Hollywood Ouest. Qu'il soit grand ou petit, les principes sont les mêmes.

Je n'étais pas une experte lorsque j'ai lancé mon groupe. Mais au fil des ans, j'ai appris quelques petites choses simples que vous pouvez garder à l'esprit si vous songez à créer un groupe par vous-même.

Comment créer un groupe de soutien

Comment commencer ? Rassemblez simplement deux ou trois amis et suivez les principes ci-dessous. Si vous le faites avec de l'amour dans le cœur, votre groupe grandira. Les gens seront attirés vers vous comme par un aimant. Ne vous souciez pas de l'endroit où vous vous réunirez quand le groupe grandira ; l'univers trouvera une solution.

1. Si le groupe est assez petit pour cela, que chacun commence par se présenter et explique pourquoi il est là.
2. Ne perdez pas de temps à jouer à : "N'est-ce pas terrible ce qui nous arrive ?". Vous avez déjà entendu beaucoup trop souvent ce genre de stupidité.
3. Rassemblez des informations positives sur la maladie. Photocopiez des informations à faire circuler dans le groupe.
4. Ecoutez-vous les uns les autres. Laissez à chacun le temps de s'exprimer s'il le souhaite. Donnez des réponses positives.
5. Quand quelqu'un a un problème, rassemblez tout ce que vous savez pour l'aider à trouver une réponse positive.
6. Pratiquez des affirmations. Créez-les en fonction de situations spécifiques.
7. Faites une visualisation à chaque fois, guidée par une personne différente. Elle peut être spontanée ou lue ; vous pouvez aussi passer une cassette. Assurez-vous de bien vous détendre avant de commencer.

Les "Hayrides"

Dans mon groupe de soutien (dont les réunions ont été baptisées "Hayrides") pour les malades du sida, nous commençons par quelques mots de bienvenue. Puis nous avons environ dix minutes pour les annonces. Ensuite, nous éteignons les lumières et chantons pendant environ cinq minutes, puis faisons une courte méditation.

Après la méditation, nous déplions les tables pour les traitements. Nous avons plusieurs tables pliantes et quelques tables de massage. Les personnes qui veulent recevoir de l'énergie curative se couchent sur les tables et celles qui veulent donner de l'amour et de l'énergie les entourent, en plaçant leurs mains sur elles. Nous avons plusieurs praticiens en reiki qui offrent toujours bénévolement leurs mains guérisseuses. Ces tables sont à disposition tout au long de la réunion et ceux qui sont couchés peuvent continuer à suivre tout ce qui se passe.

Discussion ouverte

Ensuite je parle un moment sur le thème de la soirée. Puis nous ouvrons un espace pour le partage. Les gens peuvent soit commenter ce qui a été dit, soit faire part de leur propre expérience. Ils peuvent poser une question ou nous parler de leur problème. La discussion peut aller dans n'importe quelle direction. Je pense que c'est grâce à la flexibilité que la soirée s'avère être exactement ce dont nous avons besoin. Souvent, nous avons pour hôtes de grands conférenciers.

Nous nous concentrons sur les principes que j'enseigne, en abordant la vie avec l'idée que nous avons le pouvoir d'y réaliser des changements positifs. Les moyens de faire ces changements constituent le sujet de la réunion. Nous travaillons beaucoup sur la dissolution du ressentiment, sur le pardon et, bien sûr, sur la manière de s'aimer davantage. Nous avons décidé de ne pas prêter attention aux nouvelles négatives concernant le sida. Nous lisons aussi peu que possible sur le sujet et, quand nous voyons une histoire de sida abordée avec une attitude fataliste, nous pensons à nous dire : "Ce n'est pas vrai que tout le monde meurt. Je connais des personnes qui sont vivantes et qui guérissent." Nous ne pouvons aller dans le sens de ceux qui sont déterminés à voir le sida comme une maladie qui tue tout le monde. Nous n'avons pas besoin d'être d'accord avec eux. Envoyons de l'amour aux médias, tout en sachant qu'ils n'ont pas de pouvoir sur nous. C'est nous qui décidons ce que nous croyons. Nous croyons en la vie, l'amour et la guérison.

Vers la fin de la réunion, nous faisons un peu de travail de guérison. Nous rangeons toutes les chaises autour de la pièce. Puis nous nous asseyons sur le sol en formant un large cercle et, en nous tenant les mains, nous faisons une visualisation, ou bien nous formons ce que nous appelons " des triades de guérison".

Les triades de guérison

Les triades de guérison sont constituées de trois personnes qui s'assoient ensemble et enlèvent leurs chaussures. Puis l'une d'elles se couche, une autre s'assied à sa tête et la dernière à ses pieds. Faites de votre mieux pour que la personne couchée soit installée aussi confortablement que possible, peut-être en mettant un petit oreiller ou une veste sous sa tête ou en plaçant sa tête sur vos genoux. Si vous avez un cristal, placez-le dans la région du cœur, la pointe dirigée vers le haut; il donnera un peu d'énergie supplémentaire. Nous baissons les lumières et passons à chaque fois la même musique. J'utilise "La Flûte de bambou", car elle a certaines qualités que j'associe avec la guérison. Nous nous centrons en respirant plusieurs fois, puis nous chantons trois "aum", cet ancien son curatif.

Les deux personnes assises se frottent les mains jusqu'à ce qu'elles sentent de la chaleur et des picotements dans les doigts. Puis elles placent leurs mains sur la personne qui est couchée et envoient simplement de l'amour et de l'énergie curative. Tout le monde fait cela parfaitement, parce que notre intelligence intérieure guide nos mains. Nous restons dans cette position environ cinq ou dix minutes, durant lesquelles je donne une méditation ou une visualisation. J'emploie pour finir la phrase "Ainsi soit-il", ce qui permet de savoir que la méditation est terminée. Nous changeons alors de position de sorte que chaque personne puisse expérimenter toutes les situations, qui sont très différentes les unes des autres. A la fin de la troisième méditation, nous chantons encore une fois trois "aum" pour fermer le cercle.

Puis nous nous asseyons en nous tenant les mains et chantons notre chanson, celle avec laquelle nous clôturons les réunions depuis toujours. Elle s'appelle "Je m'aime". Jai Josef l'a écrite il y a plusieurs années pour le groupe de Ken Keyes. Les paroles conviennent si parfaitement au travail que nous faisons qu'elle est devenue une sorte de signature.

Créer un Cercle de Guérison

Mon ami de New York, Samuel Kirschner, s'occupe d'un autre groupe appelé Cercle de Guérison. Sa manière de voir est très utile afin de créer l'intimité nécessaire au pouvoir de guérison. Voici quelques extraits de son bulletin concernant la création d'un Cercle de Guérison.

“Le moteur qui mène un Cercle de Guérison - ce qui fait que chaque personne passant la porte choisit de s'ouvrir et de se montrer vulnérable dans un groupe de gens pour la plupart totalement étrangers - est l'aspiration à la croissance, ainsi que la quête de pouvoir et de lumière pour croître davantage. C'est la recherche d'un espace paisible et fertile.

“L'espace joue un rôle important dans un Cercle de Guérison. Un cercle est une forme géométrique très puissante, flexible et pourtant inviolable, continue et pourtant inclusive, capable d'expansion infinie et pourtant constante, solide et fiable. Un cercle ne force pas les gens à se mettre en ligne ou dans une boîte et ne les menace pas de nombreux angles aigus. Un cercle est une forme qui nourrit, comme le giron où nous avons tous commencé à grandir et pris nos premières leçons sur l'amour.

“Après avoir suivi les séminaires de Louise Hay pendant trois ans, plusieurs d'entre nous se sont rendu compte que nous avions besoin d'un moyen de continuer, comparable à ses réunions, pour maintenir et garder notre amour de nous-mêmes. Au début, tout ce qu'il fallait était l'inspiration et la volonté de garder de l'espace les uns pour les autres. Je ne peux imaginer que la vie serait la même sans ce groupe. Certains sont devenus mes bien-aimés, d'autres mes amis. Chaque semaine, je sens venir l'impatience que le cercle se forme pour que nous soyons de nouveau ensemble et que je puisse me recharger en énergie curative.

“L'une des choses les plus gratifiantes à propos de notre cercle est qu'il a commencé à semer des graines.

Non seulement nous avons réussi à nous garder chaque semaine un espace les uns pour les autres, mais nous tentons maintenant de garder de l'espace pour que d'autres groupes se forment dans d'autres quartiers et districts autour de la métropole.

"Si un cercle est assez puissant pour traverser une cité et semer d'autres cercles, peut-être n'y a-t-il pas de limites pour ce genre de semailles. Nous pouvons prendre les énergies générées par le groupe et les projeter à travers la ville. Des Cercles de Guérison peuvent s'étendre aux prisons, être utilisés pour rendre visite à d'anciens membres du Cercle trop malades pour y assister et peuvent même soutenir des professionnels de la santé sur le point de "craquer".

"*Le début* : quels sont les éléments les plus fondamentaux ? Comment créer un espace qui soutienne des gens dans un sentiment de globalité ? Qu'est un Cercle de Guérison et comment fonctionne-t-il pour encourager la prise de pouvoir de soi-même tout en servant de forum d'échange d'informations et d'idées ? Il se concentre sur son but ultime qui est de pousser et de défier les participants à accepter les responsabilités face à leur guérison et leur vie. Il se concentre sur son outil ultime : créer une atmosphère de positivité et d'amour qui brise les barrières, où tout peut être dit et où la solitude est abolie.

"*Les compagnons* : la communication est la toute première étape pour former un cercle. C'est-à-dire qu'il faut trouver le courage de décrocher le téléphone, de mettre à disposition son logement pour un repas de réunion préparatoire ou de se montrer dans un autre groupe social pour dire : "J'ai besoin de soutenir mes amis et j'aimerais être soutenu en retour." C'est une manière d'envoyer la balle. Il s'agit de franchir cette étape, de trouver ce courage dans l'amour des amis et des collègues et de faire confiance à l'univers : rien de mauvais ne se passera si l'on suit son intuition.

"*L'atmosphère* : trouver un lieu, au début, est facile : il suffit de trouver quelqu'un ayant une salle de séjour assez grande et confortable pour accueillir vos compagnons de cercle.

Puis il faut étudier l'éclairage et trouver une lumière chaleureuse, étudier le son, voir comment les contrôler tout en restant assis dans un cercle, étudier la forme et la hauteur qui sont les meilleures pour la pièce, la ventilation, les plantes, les traitements de surface ; il faut voir ce que l'on attend d'une pièce et la personnalité qu'elle peut apporter au cercle.

Le lieu est parfois la plus grande dépense pour un cercle de guérison. On peut en promouvoir un ou le financer sans faire peur à ceux qui sont incapables de payer une participation au groupe.

"*Boucler le cercle* : la création de l'espace commence en se tenant les mains et en respirant ensemble, ce qui unifie l'énergie du cercle.

"*Ce qui convient suivant le nombre de personnes* : il faut sentir ce qui peut marcher pour deux personnes, pour vingt - ou même plus.

"*Proposer un thème* : dans de grands groupes, les sujets de discussion peuvent servir à unifier le flot d'énergie et l'attention et à susciter des commentaires de la part de ceux qui craignent de parler de leurs peurs.

"*Les visualisations* : conçues pour entrer dans des espaces personnels de guérison plus profonds, les visualisations utilisent le pardon, la gratitude, l'enfant intérieur, la joie et la découverte du Moi supérieur. Il peut y avoir dans le groupe une surprenante quantité de talents cachés, désireux de guider les visualisations. On recommande au moins une visualisation par soirée.

"*Les histoires personnelles/le partage* : que se passe-t-il dans la vie des personnes qui ont franchi la porte ? Pourquoi sont-elles là ? Qu'espèrent-elles tirer de leur expérience ? Ont-elles appris quelque chose sur la guérison durant la semaine écoulée ?

"*La musique* : la musique ouvre le cœur, influence la respiration et unifie l'énergie du groupe. Elle peut avoir des effets curatifs immédiats. Le choix peut varier, mais toute musique sereine par nature convient comme fond sonore pour tel exercice ou pratique et des chansons simples, faciles à retenir, peuvent être merveilleuses pour ceux qui se sont joints au groupe. Les "chants d'affirmation" de Louise Hay sont particulièrement recommandés.

"*Le mouvement* : au milieu de la soirée, les gens sont fatigués et il faut que l'énergie s'exprime physiquement. On demande alors à tout le monde de se lever et on choisit une musique exubérante, sur laquelle on peut danser. Chacun est encouragé à bouger de la manière dont il en a envie. C'est généralement le clou de la soirée.

"*Les modalités de traitement* : nous insistons sur les traitements par les plantes, l'homéopathie, l'acupuncture, le travail corporel, la nutrition, la guérison des attitudes, le rebirthing, la guérison éthérique et bien d'autres choses encore. Le cercle sert de forum pour les échanges d'informations sur la manière dont chaque membre a exploré la façon de se soigner. C'est également un lieu pour présenter quelques médecins remarquables et pour soutenir les praticiens de la santé dans leur travail.

"*La philosophie* : la philosophie sous-jacente du Cercle de Guérison est celle d'une réalité créée par soi-même : nous sommes responsables de notre vie et, par conséquent, tout événement de la vie est occasion de croissance et de transformation. A tous, mais spécialement à ceux qui ont le sida, nous apportons un message d'espoir et de guérison. C'est un privilège pour nous de partager du temps et de l'espace avec des personnes qui ont choisi une voie demandant tant de courage. Nous respectons et honorons cette voie ; nous les aidons comme nous nous aidons nous-mêmes, afin de nous élever au-dessus de la peur et la panique répandues par les médias. Nous sommes des êtres d'amour et de lumière - sans limites dans notre capacité à guérir notre vie."

Les étreintes

Dernier élément mais non le moindre dans les "Hayrides", nous avons des "temps d'étreinte". Je suggère de serrer dans ses bras autant de personnes que possible. Ceci nous donne en outre le temps de nous parler les uns aux autres. Si, durant la réunion, quelqu'un a fait part d'un problème, au moment des étreintes, plusieurs viendront pour lui suggérer des solutions.

Nous voulons que les gens quittent le groupe de soutien en se sentant mieux qu'à leur arrivée. Ils sont rechargés positivement. Ce sentiment peut durer plusieurs jours. Ils ont également rencontré d'autres personnes qu'ils peuvent appeler et avec qui ils peuvent se lier. Parfois, deux ou trois phrases dites au téléphone peuvent faire une énorme différence dans notre journée. Le groupe constitue donc un point de départ pour construire le soutien dont vous avez besoin quotidiennement. Vous pouvez lui demander ce que vous voulez et le groupe y pourvoira dans la mesure du possible.

Le travail en réseau

Si vous ne voulez pas participer à un grand groupe ou en commencer un par vous-même, vous pouvez vouloir constituer un réseau. Cela signifie simplement partager ce que l'on sait avec les autres - information positive et services. Répandez les bonnes nouvelles.

Les ours en peluche

Quand nous sommes tout petits, les ours en peluche sont souvent nos premiers amis. Nous pouvons leur dire tous nos secrets, ils ne nous trahissent jamais. Ils nous donnent un amour inconditionnel, sont toujours là pour nous et aident à adoucir nos malheurs. Quand nous grandissons et avons des problèmes, c'est le petit enfant en nous qui est touché et l'ours en peluche parle à cette partie de nous. Les adultes peuvent continuer à trouver les ours en peluche très réconfortants. J'aimerais voir tout lit d'hôpital pourvu d'un ours en peluche pour que les patients puissent les tenir contre eux dans l'obscurité de la nuit quand ils souffrent.

A New York, un médecin se plaignait de ce que j'enseignais à des hommes adultes des conduites infantiles en leur suggérant d'avoir des ours en peluche. J'ai l'impression qu'il n'avait jamais eu le droit d'en avoir un. En fait, la communauté médicale commence à reconnaître l'utilité de cette "médecine". Les patients de l'hôpital St John à New York qui sont soumis à une opération chirurgicale de dérivation reçoivent un ours en peluche. Il sert un double but. Quand le patient sent monter la toux, on lui apprend à serrer l'ours en peluche pour éviter que les points de suture dans le thorax ne se rompent. Je suis certaine qu'il y a un effet secondaire : un sentiment d'amour et de sécurité.

TRAITEMENT

Aujourd'hui est une autre journée précieuse sur terre. Nous allons la vivre dans la joie. Je sais que je ne suis pas seul sur cette planète. Tous les individus, les lieux, les choses, sont interconnectés. Ce qui fait du mal à l'un fait du mal à tous. C'est pourquoi ce qui guérit l'un aide à nous guérir tous. En voulant nous aimer et nous soutenir les uns les autres, nous aidons à guérir la planète tout entière. Nous sommes amour, nous partageons l'amour et nous sommes guéris par l'amour.

Cette journée nous réserve d'agréables expériences. Nous sommes un avec la puissance qui nous a créés.

Nous sommes en sécurité et tout est bien dans notre monde !

22

Guérir la planète

Affirmation :
Nous avons foi en notre guérison totale !

La planète est devenue un lieu où règne une grande division dans la façon dont les gens envisagent la vie.

D'un côté, il y a ceux qui choisissent de créer l'obscurité autour d'eux. Ils vivent dans la peur et la haine et recherchent ce qu'il y a de plus mauvais dans la vie. La drogue, la guerre et la torture, l'oppression, la famine, sont répandues partout. Les prédicateurs du Jugement dernier ne pensent qu'à la fin nucléaire de la vie sur terre.

D'un autre côté, il y a maintenant de nombreux groupes qui cherchent à élever la conscience. Partout sur la planète, les gens se rassemblent pour apprendre les processus de l'esprit et le mode de fonctionnement des pensées. Il y a une grande aspiration à apprendre et à aimer davantage - à améliorer la qualité de notre vie, à sauver et à guérir la planète.

* * *

Chaque personne sur cette planète a sa valeur et est digne de son propre amour. Ce sont notre rejet et notre haine de nous-mêmes qui, sur cette planète, sont à l'origine de tous les problèmes. Le microcosme fonctionne en reflétant sa positivité ou sa négativité sur le macrocosme. Il a toujours existé des groupes disant à d'autres groupes qu'ils sont inacceptables ou pas assez bien. L'objet du préjugé dépend de l'endroit où l'on vit sur la planète. Les gens qui ont peur et ne se sentent pas bien semblent avoir besoin de dénoncer un groupe, ce qui n'est jamais sain, ni pour nous ni pour la planète.

Comme je l'ai dit maintes fois, lorsque nous nous aimons réellement, nous ne pouvons pas nous faire de mal ni en faire à autrui. Là est pour moi la réponse à la paix dans le monde. L'amour inconditionnel est le but pour lequel nous sommes tous ici. Il commence avec l'acceptation et l'amour de soi-même.

Comme vous le voyez, je n'ai pas toutes les réponses aux épreuves que nous pouvons rencontrer ; je n'ai pas la réponse ultime. Je partage mes croyances du moment, avec la connaissance que j'ai. Je peux seulement vous aider à améliorer la qualité de votre vie si c'est ce que vous choisissez. Toute guérison est en fin de compte une autoguérison. Le médecin, le thérapeute, le technicien, l'infirmière, le guérisseur et les nombreux praticiens de médecine alternative holistique ont différentes méthodes et différentes approches pour soigner votre corps. Vous êtes celui qui décide si ces méthodes vont marcher ou non.

Si votre décision intérieure profonde est de rester sur la planète et d'aller bien, donnez-vous à cent pour cent à votre guérison. Impliquez-vous totalement. Ce sera une expérience intéressante de vous consacrer à vous totalement et de toutes les manières possibles, de vous donner à vous-même un soutien total. Vous risquez même d'aimer cette façon de vivre, une fois que vous vous y serez habitué. Si vous voulez réellement vivre bien, vous ne reviendrez jamais complètement à votre ancienne façon de vous maltraiter.

Peut-être qu'à un niveau profond, vous avez déjà pris la décision de quitter la planète ; peut-être que votre leçon est terminée et que vous ne désirez aucune méthode de travail. Quelle que soit votre décision, c'est la décision parfaite pour vous. Vous n'êtes pas là pour faire plaisir aux autres et pour vivre votre vie à leur manière. Vous suivez votre chemin et travaillez à votre niveau. Vous êtes ici pour apprendre et grandir dans la compréhension, la compassion et l'amour. Quand vous avez terminé votre leçon pour cette vie, vous partez. Ce peut être pour bientôt, ce peut être dans longtemps. Quel que soit le moment, que ce soit dans la paix.

Continuez à apprendre à vous aimer davantage. Faites que cet amour inclue d'autres personnes. Donnez-leur l'amour inconditionnel que vous souhaitez trouver pour vous. Faites tout ce que vous pouvez pour être heureux et apportez cette joie dans tous les domaines de votre vie.

Comme Jerry Florence, d'Alliance, le dit dans sa chanson : “La vie recommence, alléluia !”

TRAITEMENT

Aujourd'hui est une autre journée précieuse sur terre. Nous allons la vivre dans la joie. La plénitude est mon but. Je n'accepterai rien de moins. Je suis un avec toute personne, tout lieu et toute chose sur cette planète. Je choisis de contribuer à en faire un monde où nous pouvons en toute sécurité nous aimer les uns les autres, où nous sommes aimés et acceptés tels que nous sommes, où nous sommes encouragés et soutenus pour devenir tout ce que nous pouvons être. Je vois ce qu'il y a de meilleur dans chacun et l'aide à exprimer ses plus joyeuses qualités. Cet amour et cette acceptation que je donne, je les retrouve partout où je vais.

Je vois ce monde avec ses terres abondantes, ses eaux claires et fraîches, son air propre, avec tous ses habitants bien nourris. Je vois les gens paisibles, en sécurité, en bonne santé, productifs, libres, dans tous les pays. Nous vivons tous dans la plénitude et la perfection.

Je suis en paix avec moi-même et le monde que je vois. Nous sommes un avec la puissance qui nous a créés.

Nous sommes en sécurité et tout est bien dans notre monde !

Je vous aime !

Le "phénomène" Louise Hay aux Etats-Unis

Après s'être elle-même guérie d'un cancer, Louise Hay a commencé à enseigner autour d'elle les moyens de créer, par des pensées positives, une réalité meilleure. Ses livres sont rapidement devenus des best-sellers et ses nombreuses participations à des émissions de radio et de télévision ont fait d'elle l'un des chefs de file du Nouvel Age aux Etats-Unis.

Par sa simplicité et son naturel, Louise Hay sait susciter chez ses lecteurs ou ses auditeurs l'enthousiasme qui permet de sortir des rôles de victime. Elle montre comment apprendre peu à peu, en sélectionnant ses pensées, à créer une réalité de plus en plus agréable et prospère.

A la demande de quelques amis, elle créa un groupe hebdomadaire pour accueillir des malades du sida, à Los Angeles. Le succès de ces soirées, qui s'appelèrent bientôt *Hayrides*, fut impressionnant et rapidement des centaines de malades et de personnes concernées y affluèrent. Lors de ces soirées, un climat d'amour et de partage offre aux participants l'occasion de se délivrer de leurs masques et d'accepter leurs émotions profondes. La vie d'un grand nombre de personnes a été transformée par ces réunions et plusieurs livres ont été écrits par d'anciennes victimes du sida qui ont pu, grâce à l'enthousiasme que leur a communiqué Louise Hay, devenir des vainqueurs, c'est-à-dire des personnes qui ont appris à gérer leur santé sur tous les plans et se sont délivrées de la maladie.

Comme Gerald Jampolsky, Shakti Gawain, Dan Millman, Marylin Ferguson, Ken Keyes, Patricia Hayes, Gabriel Cousens, Bernie Siegel, Bob Owen et bien d'autres, Louise Hay s'est affirmée comme l'un des porte-parole d'un Nouvel Age fondé non plus sur la peur, l'ignorance et l'obéissance à autrui, mais sur la paix, la connaissance de soi et l'obéissance à sa propre intuition.

Au catalogue Marabout

DU MÊME AUTEUR

- Transformez votre vie (N° 3633)

- La force est en vous (N° 3647)

Psychologie

A la découverte de soi
R. De Lassus .... 3614 46 FF
Aimer tout le monde
S. Ananda .... 3642 37 FF
Analyse transactionnelle (L')
R. De Lassus .... 3516 46 FF
Auto-analyse (L')
K. Horney .... 3577 46 FF
Avoir ou être
E. Fromm .... 3638 39 FF
Bouddha vivant, Christ vivant
Thich Nhat Hanh .... 3649 39 FF
Cette famille qui vit en nous
C. Rialland .... 3636 39 FF
Comment acquérir une super-mémoire
Dr J. Renaud .... 3536 39 FF
Comment réussir dans la vie
Groupe Diagram .... 3545 39 FF
Communication efficace par la PNL (La)
R. De Lassus .... 3510 46 FF
Convaincre grâce à la morpho-psychologie
B. Guthmann - P. Thibault .... 3574 39 FF
Dessinez vos émotions
M. Phillips - M. Comfort .... 3643 37 FF
Développez votre intelligence
G. Azzopardi .... 3513 46 FF
Dictionnaire des rêves
L. Uyttenhove .... 3542 37 FF
Efficace et épanoui par la PNL
R. De Lassus .... 3563 39 FF

Ennéagramme facile (L')
R. Baron - E. Wagele........................3584 39 FF
Ennéagramme (L')
R. De Lassus........................3568 43 FF
Entretiens de Bodhgaya (Les)
Dalaï Lama........................3650 39 FF
Force est en vous (La)
L. Hay........................3647 39 FF
Gestalt, l'art de contact (La)
S. Ginger........................3554 46 FF
Guide des fantasmes
A. Hess........................3567 43 FF
Intelligence du coeur (L')
I. Filliozat........................3580 46 FF
Interprétation des rêves (L')
P. Daco........................3501 39 FF
Je teste mon Q.I.
A. Bacus........................3570 34 FF
Le bonheur est fait d'instants successifs
M. Mercier........................3652 39 FF
Maladies psychiques (Les)
M. Tschui........................3569 39 FF
Méditer au quotidien
H. Gunaratana........................3644 39 FF
Mémoire au fil de l'âge (La)
Y. Ledanseurs........................3593 39 FF
Mémoire, la développer, la garder (La)
P. Dessi........................3585 37 FF
Mère Theresa, foi et compassion
N. Chawla et R. Rai........................3654 39 FF
Mesurez votre Q.I.
G. Azzopardi........................3527 37 FF
Méthode Coué (La)
E. Coué........................3514 39 FF

Méthode Silva (La)
J. Silva - Ph. Miele........................3591 39 FF
Moments vrais (Les)
B. De Angelis................................3646 43 FF
Oser être gagnant par l'analyse transactionnelle
R. De Lassus................................3620 39 FF
Oser être soi-même
R. De Lassus................................3603 39 FF
Partez gagnant
T. Hopkins..................................3604 39 FF
Pièges de la perfection (Les)
S. J. Hendlin................................3628 46 FF
Plénitude de l'instant (La)
Thich Nhat Hanh............................3655 37 FF
Plus loin sur le chemin le moins fréquenté
S. Peck..3639 39 FF
Pratiquer et vivre la relation d'aide
J. et C. Poujol...............................3579 43 FF
Prodigieuses victoires de la psychologie (Les)
P. Daco...3504 46 FF
Psy de poche (Le)
S. Mc Mahon.................................3551 39 FF
Psychologie et liberté intérieure
P. Daco...3503 46 FF
Puissance de la pensée positive (La)
N. V. Peale...................................3607 39 FF
QE, QI : dopez votre intelligence
G. Azzopardi.................................3586 39 FF
Quel est votre type psycho-sexuel ?
G. d'Ambra...................................3588 39 FF
Réinventer le couple
C. Rogers.....................................3589 39 FF

IMPRESSION : BUSSIÈRE S.A., SAINT-AMAND (CHER). – N° 1798.
D.L. SEPTEMBRE 1999/0099/157.
ISBN 2-501-03211-X
Imprimé en France

3662

MARABOUT